W0105004

096fr Abb.: bb

DRIVE SLOWLY

PENGUINS CROSSING

REISE KNOW-HOW im Internet

Aktuelle Reisetipps und Neuigkeiten
Ergänzungen nach Redaktionsschluss
Büchershop und Sonderangebote
Weiterführende Links zu über 100 Ländern

www.reise-know-how.de

Der
**Reise Know-How Verlag
Peter Rump GmbH**
ist Mitglied der Verlagsgruppe
REISE KNOW-HOW

Bernd Büttner

Fernreisen mit dem eigenen Fahrzeug

„Ganze zwei Tage brauche ich,
um mit meinem Auto einmal
um mein Grundstück zu fahren",
meinte der australische Farmer.
„Ja", sagte ich mitleidig zu ihm
„So ein Auto hatte ich auch mal."

Impressum

Bernd Büttner
Fernreisen mit dem eigenen Fahrzeug
erschienen im
REISE KNOW-HOW Verlag Peter Rump GmbH
Osnabrücker Straße 79, 33649 Bielefeld

© Peter Rump
1. Auflage Nov. 2001
Alle Rechte vorbehalten.

Wir freuen uns über Kritik, Kommentare und Verbesserungsvorschläge.

Alle Informationen in diesem Buch sind vom Autor mit größter Sorgfalt gesammelt und vom Lektorat des Verlages gewissenhaft bearbeitet und überprüft worden.

Da inhaltliche und sachliche Fehler nicht ausgeschlossen werden können, erklärt der Verlag, dass alle Angaben im Sinne der Produkthaftung ohne Garantie erfolgen und dass Verlag wie Autor keinerlei Verantwortung und Haftung für inhaltliche und sachliche Fehler übernehmen.

Die Nennung von Firmen und ihren Produkten und ihre Reihenfolge sind als Beispiel ohne Wertung gegenüber anderen anzusehen.

Lektorat und Gestaltung
Umschlag: G. Pawlak, P. Rump (Layout), K. Werner (Realisierung)
Inhalt: G. Pawlak (Layout), K. Werner (Realisierung)
Lektorat: K. Werner
Fotos: Siegfried Bauer (sb, S. 84), Eddi Böhnke (eb, S. 59, 90, 142 und Umschlag vorn), Klaus Werner (kw, S. 41), sonst der Autor (bb)

Druck und Bindung
Fuldaer Verlagsagentur

ISBN 3-8317-1009-0
Printed in Germany

Dieses Buch ist erhältlich in jeder Buchhandlung der BRD, Österreichs und der Schweiz. Bitte informieren Sie Ihren Buchhändler über folgende Bezugsadressen:
BRD
Prolit GmbH, Postfach 9, 35461 Fernwald (Annerod) sowie alle Barsortimente
Schweiz
AVA-buch 2000, Postfach 27, CH–8910 Affoltern
Österreich
Mohr Morawa Buchvertrieb GmbH
Sulzengasse 2, A–1230 Wien

Wer im Buchhandel trotzdem kein Glück hat, bekommt unsere Bücher direkt bei: **Rump Direktversand**, Heidekampstraße 18, D-49809 Lingen (Ems) oder über den Büchershop auf unserer Homepage: **www.reise-know-how.de**

Bernd Büttner

Fernreisen mit dem eigenen Fahrzeug

INHALT

Vorwort

„Fernreisen auf eigene Faust – ist das denn nicht gefährlich?" Viele haben mir schon voller Bewunderung diese Frage gestellt. Sie glauben, dass das Reisen nach eigenem Plan und speziell mit dem eigenen Fahrzeug eine große Leistung ist, die ganz besonderen Mut erfordert. Einige haben Bedenken, ob sie mit den fremden Kulturen und den Strapazen unterwegs zurechtkommen. Wieder andere sind besorgt wegen ihres mangelnden technischen Verständnisses.

Seltsamerweise ahnen die wenigsten, was bei einem solchen Unternehmen das Schwierigste ist: Es sind nicht die Situationen, in denen das Fahrzeug an den denkbar ungünstigsten Stellen streikt oder festsitzt, in denen niemand einen versteht und in den Amtsstuben dieser Welt mal wieder nichts vorangeht. Die größte Überwindung kostet es, der Heimat und dem sozialen Netz unserer Gesellschaft den Rücken zu kehren, einen Termin festzulegen, auf die Abfahrt hinzuarbeiten und auf sich selbst gestellt zu sein ...

Haben Sie erst mal den Absprung geschafft, werden Sie bald merken, dass sich unterwegs für alle Probleme eine Lösung findet. Hierbei spielt es keine Rolle, ob Sie mit einem Expeditionsmobil der Luxusklasse aufbrechen oder mit einer ausrangierten Kastenente auf große Fahrt gehen. Ich habe bisher noch niemanden getroffen, der vorher nicht die allergrößten Bedenken hatte und es dann aber bereute, losgefahren zu sein. Im Gegenteil: Die meisten werden regelrecht abhängig von solchen Touren und sind dann bis ins hohe Alter unterwegs.

Viele Kritiker sagen, dass das Reisen mit eigenem Fahrzeug zu umständlich, unflexibel und darüber hinaus auch noch teuer ist. Das mag für einige Länder auch zutreffen. Es macht z. B. keinen Sinn, für fünf Wochen sein eigenes Fahrzeug in die USA oder nach Australien zu schicken. Was aber, wenn man mehr Zeit einplant, länger „on tour" sein will? – Es muss ja nicht gleich eine komplette Weltreise werden ...

Durch die USA oder nach Kanada, auf dem Landweg nach Indien oder quer durch Australien – egal welchen Traum man sich erfüllen will, mit einem eigenen Fahrzeug macht man sich unabhängig von Fahrplänen und vorgegebenen Reiserouten. Wer als Fortbewegungsmittel ein Wohnmobil auswählt oder sich sein Gefährt selbst als Reisefahrzeug ausbaut, ist zusätzlich noch frei in der Wahl seiner Übernachtungsmöglichkeit.

In diesem Buch finden Sie viele praktische Ratschläge für den lästigen Papierkram vor der Reise und für die Vorbereitungen am Fahrzeug. Es enthält sowohl Tipps für unterwegs, selbst unter extremen Einsatzbedingungen, als auch Informationen zur Fahrzeugverschiffung und Hilfestellungen für den Notfall. Es wird aufgezeigt, was technisch machbar ist, so dass Sie auswählen können, was Ihren persönlichen Bedürfnissen entspricht. Die Grenzen von Mensch und Maschine erfasst man unterwegs sehr schnell. Daher ist es nicht notwendig, sie in diesem Buch detailliert zu beschreiben. Lassen Sie sich nicht abschrecken von der Fülle der möglichen technischen Um- oder Ausbauten. Es kommt nicht darauf an, über-ausgerüstet zu starten! Das Wichtigste ist, überhaupt den Absprung zu schaffen und nicht vor lauter Vorbereitungen das Losfahren zu vergessen ...

Viel Spaß unterwegs!

Bernd Büttner

Reise-
vorbereitung

Fahrzeugpapiere

Die Vorbereitungen zu einer größeren Reise sind zeitlich umfangreich. Deshalb ist es unumgänglich, sich rechtzeitig Gedanken zur Reiseorganisation zu machen. „Den Wagen vollpacken und einfach drauflosfahren" hört sich zwar romantisch an, ist aber nicht zu empfehlen. Visa müssen besorgt, Versicherungen abgeschlossen und Verträge rechtzeitig gekündigt werden. Ansonsten werden Sie kurz vor der geplanten Abreise im Chaos untergehen. Sinnvoll ist es, sich einen Zeitlaufplan zum anvisierten Termin aus-

Gültigkeitsdauer beachten
Bei der Zeitplanung muss unbedingt bedacht werden, dass einige wichtige Papiere in ihrer Gültigkeitsdauer begrenzt sind und deshalb erst kurz vor der Abreise besorgt werden sollten.

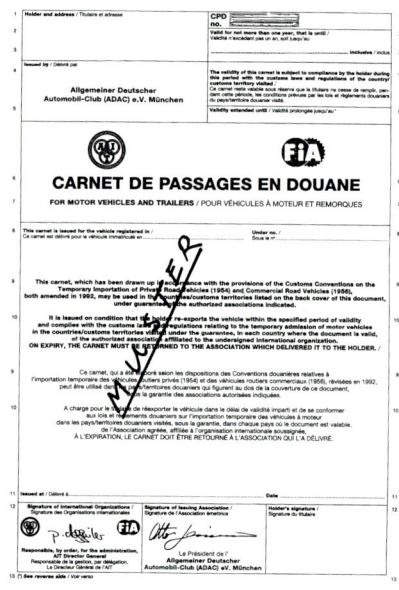

zuarbeiten und darin festzuhalten, was wo und wann angefordert und erledigt werden muss – und dabei gibt es einiges zu bedenken!

Wer international unterwegs sein will, muss auch über die entsprechenden Papiere für sein Fahrzeug verfügen. Die nationalen Zulassungspapiere und der hier übliche Fahrzeugschein reichen nicht aus. Auf jeden Fall sollten darüber hinaus dabei sein:

❏ internationaler Führerschein,
❏ internationale Zulassung und
❏ internationale Versicherungskarte.

Ob Sie zusätzlich ein Carnet de Passage oder **spezielle Einreisepapiere** benötigen, erfahren Sie beim ↗ADAC, der auch **Zollpapiere** ausstellt.

ADAC
Abt. Grenzverkehr
Am Westpark 8
81373 München
Tel. (089) 76766338
Fax (089) 7607572

Carnet de Passage

Überblick

Wichtigstes Grenzdokument zur Fahrzeugeinreise in vielen außereuropäischen Ländern ist das Carnet de Passage. Es gilt bei den Mitgliedsstaaten des Carnetverbundes als **Grenzdokument** und ermöglicht die vorübergehende zollfreie Einfuhr des Fahrzeugs mit deutschem Kennzeichen.

Ein Carnet de Passage kann **frühestens vier Wochen vor Abreise** ausgestellt werden und berechtigt während seiner Gültigkeitsdauer zur Einreise in mehrere Länder. Aus diesem Grund muss nicht für jedes Land ein eigenes Carnet ausgestellt werden. Sollte

Aussteller des Carnet de Passage
Außer dem ADAC stellen noch andere Automobilclubs wie der AvD aber auch die ortsansässige IHK Carnets aus. Leider akzeptieren diese Clubs aber nicht alle Länder des Carnetverbundes. So stellt der DTC für Indien nur in Ausnahmefällen und für Nepal überhaupt keine Papiere aus. Beim AvD ist ebenfalls keine Ausstellung für Indien, Nepal und den Iran möglich. Falls Sie also diese Länder bereisen möchten, bleibt nur der ADAC, der mit Ausnahme von Brasilien und den Philippinen (nur auf Anfrage) alle Länder des Carnetverbundes anerkennt.

der Carnet-Inhaber das bei der Einreise im Carnet eingetragene Fahrzeug **nicht wieder ordnungsgemäß ausführen** oder verzollen, ist der entsprechende Automobilclub verpflichtet, die im betreffenden Land auftretenden Kosten bzw. Zollforderungen zu übernehmen. Da unter Umständen sehr hohe Zollgebühren anfallen können, stellt Ihnen der Automobilclub ein Carnetheft nur dann aus, wenn Sie sich verpflichten, alle Kosten zu tragen.

Doch damit noch nicht genug: Bevor Ihnen das wertvolle Stück ausgehändigt wird, müssen Sie eine **Sicherheitsleistung** in bar oder als Bankbürgschaft beim Club hinterlegen, damit Sie bei eventuellen Forderungen auch wirklich zahlungsfähig sind. Je nach Reiseland und Fahrzeugwert unterscheiden sich die Sicherheitsleistungen. In der Regel beträgt die hinterlegte Summe etwa 10 % vom Zeitwert des Fahrzeugs. Ausnahmen sind der Iran, Pakistan, Indien, Südafrika und Ägypten: Für diese Länder sind bei einem Fahrzeugwert bis zu 15.000 € etwa 3000 €, bei Fahrzeugwert bis zu 25.000 € etwa 5000 € und bei einem Fahrzeugwert bis zu 50.000 € etwa 10.000 € zu hinterlegen!

Die **Kosten** für das Carnet betragen beim ADAC für Nichtmitglieder 205 € und für Mitglieder 128 €.

 Überprüfen Sie vor Abreise alle im Carnet gemachten Daten genau. Bei Abweichungen wird die Einreise in das Reiseland ansonsten unnötig erschwert bzw. im Extremfall gänzlich verweigert.

> **Zeitwert sinnvoll festlegen**
> *Zu überlegen wäre, bei der Ausstellung des Carnets den Wert Ihres Fahrzeugs möglichst nicht allzu hoch anzugeben, um die zu hinterlegende Summe nicht in schwindelerregende Höhen zu treiben. Immerhin riskieren Sie mindestens diese Summe, falls es zu Problemen mit den Zollbehörden kommen sollte. Die Zollbehörden der einzelnen Länder kontrollieren den Zeitwert des Fahrzeugs erfahrungsgemäß nicht.*

Handhabung des Carnet de Passage

Das Carnetheft besteht aus mehreren Seiten, von denen jeweils eine für jedes bereiste Land vorgesehen ist. Jede Seite ist in drei Abschnitte unterteilt: Der rechte Abschnitt wird bei der Einreise vom Zoll herausgetrennt, der linke mit einem Einreisestempel versehen. Beim Verlassen des Landes wird dann der mittlere Abschnitt entfernt und auf dem linken, im Heft verbleibenden Abschnitt die Ausreise quittiert.

 Kontrollieren Sie genau, ob das Carnet immer ordnungsgemäß ausgefüllt wird. In jedem Fall muss klar hervorgehen, dass Sie das Land mit Ihrem Fahrzeug wieder verlassen haben. Bewahren Sie Ihr Carnetheft immer gut auf und versenden Sie es nur per Einschreiben. Bei Verlust oder falscher Handhabung werden Sie ansonsten in ungeahnte Schwierigkeiten geraten!

 Auto im Reisepass
In manchen Ländern, zum Beispiel Indien, wird das Fahrzeug trotz Carnets noch in den Reisepass eingetragen. Falls Sie Ihr Fahrzeug verschiffen, müssen Sie darauf achten, dass es im Reisepass auch wieder ausgetragen wird, weil Sie sonst bei Ihrer eigenen Ausreise am Flughafenzoll große Schwierigkeiten mit den Behörden bekommen werden.

Gültigkeitsdauer und Verlängerung

Ab dem Tag der Ausstellung ist das Carnet de Passage **ein Jahr lang** gültig. Eine **Verlängerung** um höchstens drei Monate ist möglich, allerdings gilt diese nur für das momentane Aufenthaltsland sowie für die Rückreise in Richtung Heimat. Da aber für eine Neuausstellung des Carnets die gleichen Gebühren anfallen wie für eine Verlängerung, ist es unsinnig und umständlich, überhaupt zu verlängern. Wenn Sie noch weiterreisen wollen, müssen Sie sich

▶ Erst versichern, dann überholen. In Asien wird einem das Überholen nie leicht gemacht.

sowieso **ein neues Carnet ausstellen lassen,** das von Deutschland aus nachgeschickt werden muss. Am besten erteilen Sie einer Vertrauensperson eine Vollmacht und bereiten vor Abreise alles vor. Hinterlegen Sie zu Hause Kopien Ihres ungebrauchten ersten Carnets sowie aller Fahrzeugpapiere. Lassen Sie sich die Kopien am besten gleich von Ihrem Automobilclub bestätigen und füllen Sie den zweiten Carnetantrag bereits aus. Wird das Carnet benötigt, dann erledigt Ihre Vertrauensperson den Papierkram beim Automobilclub und sendet Ihnen das Dokument umgehend postlagernd.

 Wichtig ist, dass Sie schon im Besitz des neuen Carnets sein müssen, bevor das erste abgelaufen ist.

Das **neue Carnet** muss im Reiseland dem Zoll vorgelegt werden. Dabei wird beim alten Carnet auf dem linken Abschnitt das Ausreisefeld abgestempelt. Schicken Sie dann das alte Carnet und eine Kopie des neuen, mit Einreisevermerk versehen, per Einschreiben an den Automobilclub zurück.

Internationaler Führerschein

Gegen Gebühr und Abgabe eines Passbildes wird Ihnen von Ihrer Zulassungsstelle oder dem Landratsamt – meist ohne Wartezeit – gegen eine Gebühr von ca. 10 € ein internationaler Führerschein ausgestellt.

Der internationale Führerschein ist **drei Jahre gültig,** allerdings nur außerhalb der BRD und auch nur für Fahrzeuge mit einem zulässigen Gesamtgewicht bis 3,5 t. Sollte Ihre nationale Fahrerlaubnis zulassen, dass Sie Fahrzeuge bis 7,5 t fahren, dann können Sie sich die Gültigkeit des internationalen

Führerscheins unter der Rubrik „Einschränkende Auflagen" auf 7,5 t erweitern lassen.

Führen Sie immer Ihren nationalen Führerschein mit, da einige Länder den internationalen Führerschein nur in Verbindung mit dem nationalen anerkennen.

Internationale Kfz-Versicherung

Ihr Fahrzeugversicherer stellt innerhalb kürzester Zeit kostenlos die auch als **„grüner Versicherungsschein"** bekannte, internationale Versicherungskarte aus. Leider ist die Karte aber nicht so international wie ihr Name. Eine weltweit gültige Kfz-

Versicherungsschutz in der Türkei

Falls auf Ihrer Karte die Türkei gestrichen wurde, so besteht für die ganze Türkei kein Versicherungsschutz, nicht nur für den asiatischen Teil, wie oft fälschlicherweise angenommen. Auch wenn die Türkei nicht gestrichen ist, müssen Sie die Versicherung vor der Abreise in den asiatischen Teil der Türkei darüber in Kenntnis setzen. Der Versicherungsschutz gilt nämlich nur für den europäischen Teil, kann aber nach Rücksprache bei den meisten Versicherungen ohne zusätzliche Kosten auf die ganze Türkei erweitert werden.

Versicherung gibt es derzeit nämlich noch nicht. Außerhalb Europas genießen Sie nur noch Versicherungsschutz in Israel, Marokko, Tunesien und im Iran. Nicht selten streichen die Versicherer auf der Karte auch einfach die Gültigkeit für den Iran oder die Türkei heraus. In diesem Fall halten Sie am besten Rücksprache mit der Versicherung und argumentieren Sie, dass es genügend andere Gesellschaften gibt, die auch in diesen Ländern haften. Zur Not müssen Sie den Versicherer wechseln.

In fast allen Ländern der Welt, die nicht über die internationale Versicherungskarte abgedeckt sind, müssen Sie offiziell für Ihr Fahrzeug eine **Mindestversicherung** (Third-Party-Insurance), ähnlich unserer Haftpflichtversicherung, abschließen. Um diese Mindestversicherung im jeweiligen Reiseland abschließen zu können und um mit dem vorübergehend eingeführten Fahrzeug mit deutschem Nummernschild überhaupt offiziell fahren zu dürfen, müssen Sie nachweisen, dass der Wagen in Deutschland zugelassen ist. Andernfalls muss Ihr Fahrzeug im jeweiligen Land angemeldet werden und den dortigen Bestimmungen entsprechen. Dies ist vor allem in Australien und Nordamerika beinahe unmöglich und immer mit viel Ärger und hohen Kosten verbunden.

Eine Versicherung lässt sich übrigens fast nie direkt an der Grenzstation abschließen. Meist muss hierzu ein Versicherungsbüro in der nächsten größeren Stadt angesteuert werden.

Nicht ohne Versicherung einreisen!

Da im außereuropäischen Ausland Reisende mit fremden Kennzeichen nicht allzu häufig auftauchen, sind die Grenz- und Polizeibeamten bei Fahrzeugkontrollen etwas hilflos. Viele Reisende nutzen diese Unsicherheit und machen sich ohne jeglichen Versicherungsschutz auf den Weg. Ein ungutes Gefühl bleibt natürlich dabei und wirklich schlecht sieht es aus, wenn tatsächlich etwas passieren sollte. Bedenkt man auch, dass nach der Rückkehr in die Heimat zur Rückerstattung von Versicherungsbeiträgen und auch zur Beibehaltung des Schadensfreiheitsrabattes eine zwischenzeitliche Versicherung nachgewiesen werden muss, lohnt sich das Risiko nicht.

Internationale Zulassung

Gegen eine Gebühr von ca. 15 € und Vorlage von Fahrzeugbrief und Fahrzeugschein wird die internationale Zulassung von den Zulassungsstellen in der Regel sofort ausgestellt. In dem grünen Heft sind auf der letzten Seite einige Daten Ihres Fahrzeugs aufgelistet, die vorher in verschiedenen Sprachen erläutert werden. Die **Gültigkeitsdauer** wird an den nächsten TÜV-Termin angeglichen, beträgt aber höchstens ein Jahr und läuft dann ab. Vom Ausland aus kann die internationale Zulassung nicht verlängert werden.

Probleme kann es erfahrungsgemäß dann geben, wenn im Reiseland eine Fahrzeugversicherung abgeschlossen werden soll, denn diese darf offiziell nur erteilt werden, wenn eine ordnungsgemäße Zulassung im Heimatland nachgewiesen wird. Als Halter eines in Deutschland zugelassenen Fahrzeugs sind Sie im Besitz des kleinen weißen Zulassungsscheines, der die ordnungsgemäße Zulassung des Wagens auf unbestimmte Zeit bestätigt. Wird der Wagen abgemeldet, zieht die Zulassungsstelle den Fahrzeugschein einfach ein.

Diese Praxis ist aber in fast allen anderen Ländern unbekannt. Dort wird die Zulassung für einen bestimmten Zeitraum erworben, danach läuft sie ab und kann erneuert werden. Der Zulassungszeitraum ist im Allgemeinen auf einer Plakette an der Frontscheibe oder in den Zulassungspapieren festgehalten. Die Beamten im Ausland suchen nun verzweifelt nach dem „Verfallsdatum" im Fahrzeugschein und stoßen dann meistens auf den Termin der nächsten Hauptuntersuchung, der dann (falls noch nicht abgelaufen) oft als Zulassungszeitraum herhalten muss.

Literaturtipp:
Hans Strobach, „Fernreisen auf eigene Faust". Der praktische Ratgeber für die Vorbereitung und Durchführung der selbstorganisierten Reise. ISBN 3-89416-770-X, Reise Know-How Verlag

Fahrzeugabmeldung?

Es ist mehr als fraglich, ob es sich lohnt, sein Fahrzeug bei einem längeren Aufenthalt außerhalb des Geltungsbereiches der Heimatversicherung abzumelden. Wie bereits erwähnt, verlangen fast alle Länder eine Zulassung im Heimatland. Da es nach Rücksprache mit der Versicherung meist möglich ist, gezahlte Versicherungsbeiträge für die Zeiträume außerhalb des Geltungsbereiches zurückzubekommen, würde man sowieso nur die Kraftfahrzeugsteuer einsparen.

Man sollte auch bedenken, dass bei über zwölfmonatiger Stilllegung des Fahrzeugs durch Abmeldung in Deutschland die Daten im Kraftfahrbundesamt gelöscht werden. Das Auto wird dann sozusagen aus dem Verkehr gezogen. Bei Ihrer Rückkehr nach über einem Jahr Abwesenheit müsste somit eine völlig neue Zulassung beantragt werden. Bekanntermaßen bedeutet dies: Vollgutachten beim TÜV, Kosten für einen neuen Fahrzeugbrief, unter Umständen Verlust eines Teiles der Schadensfreiheitsrabatte und viel Lauferei.

Versicherungen vergleichen

Wollen Sie sich versichern, beachten Sie beim Vergleich der einzelnen Versicherungsbedingungen, dass bei einigen Unternehmen Begrenzungen bezüglich Größe und Gewicht des Fahrzeugs bestehen. Ansonsten unterscheiden sich die Gebühren und Leistungen der verschiedenen Schutzbriefe nur minimal.

Kfz-Vollmacht

Der ADAC hält in seinen Geschäftsstellen mehrsprachige Vordrucke bereit, damit im Notfall Ihr/e Reisepartner/in berechtigt ist, in Ihrem Namen alle Zollformalitäten im Ausland zu erledigen. Für Mitglieder und Carnetbesitzer ist die Ausstellung der Vollmacht kostenlos.

Auslandsschutzbrief

Der Auslandsschutzbrief ist für Fernreisende weniger interessant, da der Geltungsbereich sich auf Europa und die Mittelmeeranrainerstaaten beschränkt und daher z. B. bei einer Überlandreise gen Osten die Türkei das letzte Gültigkeitsland wäre.

Sinnvoll kann ein Abschluss aber unter Umständen in Hinblick auf eine eventuelle **Ersatzteilbesorgung** sein. Diese sichert der ADAC zwar jedem Mitglied weltweit zu, aber nur, wenn Sie einen Euro-Schutzbrief haben, wird die Fracht zu einem Pauschalbetrag zugeschickt und der in Deutschland anfallende Papierkram kostenfrei erledigt.

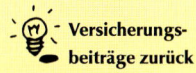

Versicherungsbeiträge zurück

Lassen Sie sich von Ihrer Versicherung vor Abreise schriftlich bestätigen, welche Nachweise erbracht werden müssen, damit es später nicht zu Problemen bei der Rückzahlung kommt.

Automobilclubs

Einige Automobilclubs sind über internationale Dachverbände weltweit miteinander verknüpft. Als Mitglied eines dieser Clubs genießen Sie auf der Reise im jeweiligen Land Gastrecht und erhalten – wie auch einheimische Mitglieder – Informationen und Kartenmaterial kostenlos. Eine Mitgliedschaft lohnt sich auf jeden Fall, wenn Sie Australien, Nordamerika oder Neuseeland besuchen wollen, weil sich das dort angebotene Material positiv von dem abhebt, was die Clubs hierzulande zu bieten haben. Benötigen Sie für Ihre geplante Reise ein Carnet de Passage, dann sind Sie sowieso auf einen Automobilclub angewiesen. Für Nicht-Clubmitglieder kostet das Einreisepapier beim ADAC mehr als die Jahresmitgliedsgebühr. Es wäre also unrentabel, nicht einzutreten, selbst wenn Sie nach der Reise wieder austreten sollten.

Fahrzeug vorbereiten

Unabhängig davon, ob Sie mit Wohnmobil, Geländewagen oder Expeditionsfahrzeug die Welt unter die Räder nehmen wollen – die Vorbereitung des Fahrzeugs ist einer der wichtigsten Punkte, bevor es losgehen kann. Je weniger technische Probleme unterwegs auftreten, desto mehr kann die Reise genossen werden. Alle Eventualitäten lassen sich natürlich nicht von vornherein ausschließen. Wer aber dafür sorgt, dass das Fahrzeug mithilfe von Ausrüstung und dank eines guten Zustandes den unterwegs zu erwartenden Belastungen weitgehend standhält, der wird auch weitaus entspannter reisen.

Anschaffung

Vor der Anschaffung oder der Vorbereitung eines bereits vorhandenen Reisefahrzeugs steht die Überlegung, was einem persönlich unterwegs wichtig ist. Wie viel Platz und Komfort wird benötigt? Ist das Fahrzeug technisch den geforderten Bedingungen gewachsen? Wenn diese Punkte bedacht sind, können Sie den Anschaffungspreis und die zu erwartenden Verschiffungskosten auch besser beurteilen. Die Entscheidung, ob man mit einem Pkw, Wohnmobil, Lkw oder Motorrad loszieht, hängt nämlich vor allem von den eigenen Bedürfnissen und/oder dem finanziellen Budget ab. Daher ist es hilfreich, die jeweiligen Vor- und Nachteile zu kennen.

Motorrad

Preisgünstigstes Fortbewegungsmittel und unschlagbar problemlos bei der Beförderung zum nächsten Reiseziel ist das Motorrad. Sogar der Transport im Flugzeug ist möglich und überlegenswert. Die Nachteile, wie mangelnder Platz für Zuladung, mangelnder Komfort bei schlechtem Wetter und ständige Menschenaufläufe, sind hinlänglich bekannt. Aber sie beeindrucken echte Motorradfahrer in der Regel nur wenig. Einen guten Ruf für derartige Unternehmungen haben die BMW-Enduros sowie die von Honda angebotene African Twin.

Pkw, Kombi, Geländewagen

All diejenigen, die auf vier Rädern reisen wollen, haben da schon mehr Auswahl. Pkw oder Kombi sind allerdings weniger zu empfehlen: Sie bieten zu wenig Bodenfreiheit, haben nicht genug Zuladungsmöglichkeiten und bei einer Containerverschiffung fallen in etwa die gleichen Kosten an wie für einen Kastenwagen oder ein Wohnmobil.

Das Übernachtungsproblem ließe sich mit einem Dachzelt oder mit einem angehängten **Wohnwagen** lösen, der dann aber als spezieller Expeditionswohnwagen konzipiert sein muss, da normale Wohnwagen bei schlechten Straßenverhältnissen nicht lange durchhalten.

Als Zugfahrzeug empfiehlt sich eher ein **Geländewagen.** Abgesehen von dem Vorteil, mit einem Geländewagen auch mal ausgetretene Pfade verlassen zu können, ist damit auch das Problem der Bodenfreiheit und der Zuladung gelöst. Hat das Fahrzeug einen langen Radstand, dann lässt sich etwas eingeschränkt ganz gut darin reisen und mit ein wenig Improvisationstalent und umgeklappten Vordersitzen sogar im Wagen schlafen. Ein Dachzelt bringt hier weiteren Raum, wenn die Wetterlage günstig ist.

Die exklusivste Reisevariante, die relativ gute Geländeeigenschaften mit hohem Wohnkomfort verbindet, ist das Aufsetzen einer **Wohnkabine** auf das Fahrgestell eines Geländewagens mit langem Radstand. Durch die Ausrüstung mit einem Aufstelldach ist dann sogar Stehhöhe realisierbar, was ungemein zum Reisekomfort beiträgt. Ist der Aufbau abnehmbar, kann er bei marodem Fahrgestell einfach auf ein neues Gefährt aufgesetzt werden. Bei einer Containerverschiffung passt der Wagen bei abgenommener Kabine auch in einen geschlossenen 40-ft-Container (siehe Kapitel „Fahrzeugverschiffung").

Natürlich sind Stauraum und Wohnkomfort wegen der relativ kleinen Kabine beschränkt, was gerade bei längerem Reisen nachteilig sein kann. Ist das Fahrzeug mit geringem Schwerpunkt konzipiert und nicht allzu sehr überladen, sind aber noch akzeptable Geländeeigenschaften zu erwarten.

Wohnmobile von der Stange

Es muss nicht gleich ein Expeditionsfahrzeug sein - auch mit serienmäßig ausgestatteten Wohnmobilen lässt sich die Welt umrunden. Ausfahrten ins Gelände sind dann zwar nur bedingt möglich, aber die robusten Fahrgestelle kommen mit den vielen Asphalt- oder Schotterstraßen dieser Welt in der Regel klar.

Wohnmobil

Wer zum klassischen Wohnmobil greift, dem eröffnet sich die größte Auswahl an Basisfahrzeugen. Die Palette reicht vom ausrangierten Paketwagen bis zum Edelmobil. Auch hier gilt es, zunächst zu überlegen, wie und für welche Strecken das Fahrzeug eingesetzt werden soll, wie viel Wohnraum gefordert ist und welche finanziellen Mittel zur Verfügung stehen.

Transporter

Selbstausgebaute Transporter sind ebenso zahlreich unterwegs wie die käuflichen Wohnmobile der bekannten Hersteller. Klar ist allerdings, dass sich hiermit keine Geländetouren abseits von Schotterpisten realisieren lassen. Wer in dieser Richtung keine Kompromisse eingehen will, muss sich mit **allrad-**

getriebenen Fahrzeugen beschäftigen. Diese sind in jeder Fahrzeugklasse zu finden, angefangen beim VW-Transporter bis hin zum Expeditionsfahrzeug auf LKW-Basis.

Im Verhältnis zu standardgetriebenen Fahrzeugen ist der Anschaffungspreis aber weitaus höher und gebraucht sind diese Fahrzeuge selten in gutem Zustand erhältlich. Zumeist handelt es sich um umgebaute Armee- oder Baustellenfahrzeuge, die im früheren Leben nicht immer pfleglich behandelt wurden. Es sei auch noch einmal darauf hingewiesen, dass mit zunehmender Größe des Fahrzeugs die Schwierigkeiten und vor allem die Kosten eines Transports über die Weltmeere ansteigen. Frachtagenturen machen zwar alles möglich, aber wer möchte schon bei beschränktem Budget die Reisezeit verkürzen, nur weil die Kosten für den Transport davonlaufen? (Siehe hierzu auch das Kapitel „Fahrzeugverschiffung".)

Fahrzeugzustand

Eine uralte Binsenweisheit sagt: „Unterwegs geht immer etwas kaputt und meistens genau das, was man nicht dabei hat." Dies stimmt nur bedingt, denn natürlich erinnert man sich nach Jahren nur noch an die spektakulären Ausfälle: Wie man tagelang am Flughafen auf ein Ersatzteil gewartet hat oder wie ein alter Wüstenmechaniker aus einem alten Autoschlauch die fehlende Dichtung geschnitzt hat ... Solche Erlebnisse bereichern im Nachhinein zwar jeden Reisebericht, sind unterwegs aber weniger reizvoll.

Wer sich ein **fabrikneues Fahrzeug** zulegt, hat den Vorteil, sich über Motor, Getriebe, Differentiale und andere wichtige Antriebsaggregate weniger Gedanken machen zu müssen als Besitzer von ge-

061r Abb. bb

▲ Nicht immer ist es preisgünstiger ein gut gebrauchtes Fahrzeug zur Reise wieder herzurichten.

brauchten Fahrzeugen. Denn auf die Bauteile, die ein Fahrzeug am Rollen halten, kommt es im Wesentlichen an. Deshalb ist es im Endeffekt oft billiger, für das Reisefahrzeug etwas mehr auszugeben, also ein weniger beanspruchtes Fahrzeug mit weniger Laufleistung zu erwerben. Ansonsten müssen Sie vielleicht kurz vor Reiseantritt wichtige Antriebsaggregate überholen lassen oder die Aggregate müssen sogar während der Reise für viel Geld eingeflogen werden.

Eine gute Vorbereitung macht sich vor allem auch dann bezahlt, wenn die eigenen technischen Kenntnisse begrenzt sind und man wegen jeder Kleinigkeit die Werkstatt aufsuchen muss. Es spricht allerdings nichts dagegen, mit **älteren Fahrzeugen** aufzubrechen, die schon einige Kilometer auf dem Tacho haben, solange die bereits erwähnten Teile für gut befunden werden. Verschleißteile für die anvisierte Strecke müssen sowieso an Bord sein, egal ob Neu- oder Gebrauchtfahrzeug.

Sie können unterwegs natürlich unmöglich **Ersatzteile** für alle Eventualitäten mitführen. Beruhigend ist es aber allemal, die „lebenswichtigen" Dinge mitzuführen. Es ist schwierig, pauschale Aussagen darüber zu treffen, bei welchem Fahrzeugtyp welche Teile anfällig sind. Wer noch keine Erfahrung mit seinem Fahrzeug hat und nicht abschätzen kann, welche speziellen Aggregate im rauen Reiseeinsatz besonders anfällig sind, fragt am besten einen „Experten", der mit diesem Modell schon einmal auf großer Tour war. Zum Erfahrungsaustausch bieten sich Globetrottertreffen an oder Sie wenden sich an jemanden, der ein solches Fahrzeug zum Verkauf in einer Reisezeitschrift annonciert hat.

Besorgen Sie sich **Werkstatt- oder Reparaturhandbücher,** in denen die einzelnen Bauteile in so genannten „Explosionszeichnungen" abgebildet sind und nehmen Sie sie mit auf die Reise. Diese erleichtern – auch ohne Worte – weltweit die Arbeit jedes Mechanikers. Anbieteradressen siehe Seite 125.

Ersatzteile im Ausland

Wer auf eine Ersatzteilversorgung im Reiseland baut, wird meist enttäuscht werden, selbst wenn anscheinend baugleiche Fahrzeuge unterwegs sind. Während die Fahrgestell- und Aufbauteile im Allgemeinen noch identisch sind, unterscheiden sich, bedingt durch unterschiedliche Abgasbestimmungen, die lebenswichtigen Motorenteile fast immer erheblich.

Sonderausstattung

Beim Fahrzeugkauf ab Werk ist es sinnvoll, sich über die angebotene Sonderausstattung Gedanken zu machen, weil eine spätere Nachrüstung oft sehr teuer oder gar nicht möglich ist. Am besten lassen Sie sich von Ihrem Händler eine Liste der möglichen Sonderausstattungen mitgeben und wägen ab, was für Ihren Einsatzzweck eventuell in Frage kommt. Die **Sonderzubehörlisten** der Hersteller sind lang.

Zum Zeitpunkt des Fahrzeugkaufes kann unter Umständen noch gar nicht entschieden werden, für welche Reisen das Fahrzeug in Zukunft eingesetzt wird. Wägen Sie deshalb vor allem bei Sonderzubehör ab, das später nicht mehr oder nur mit sehr hohen Kosten nachgerüstet werden kann.

Überlegenswertes Sonderzubehör wäre: Differentialsperre, Unterfahrschutz, Servolenkung, Verbundglasscheibe, ABS, Klimaanlage, wärmedämmendes Glas, Schallisolierung Motor/Getriebe, Wasserpumpe mit größerer Leistung, Drehzahlmesser, verstärkte Lichtmaschine, Stabilisatoren, HD-Stoßdämpfer, Langstreckentank, erhöhtes Dach (Kastenwagen), schnelle Achsübersetzung, heizbare Heckscheibe, Diebstahlschutz, verchromte Kugelgelenkköpfe (Allrad), verstärktes Fahrwerk bzw. verstärkte Federung, Kraftstoffvorwärmung (Diesel), Hängerkupplung, Nebenantrieb (Seilwinde), spezielle Bereifung, hydraulische Sitze, Standheizung, Zyklonluftfilter.

Diesel oder Benzin?

Es spricht – abgesehen vom günstigeren Anschaffungspreis – nicht viel für ein Fahrzeug mit Benzinmotor. Gerade moderne Motoren verlangen nach qualitativ **hochwertigem Kraftstoff,** der in vielen Ländern nicht flächendeckend angeboten wird. Nur in Nordamerika, Australien oder Neuseeland kann man sich auf eine flächendeckende Versorgung verlassen.

Schwierig wird die Besorgung vor allem dann, wenn durch Umbau der KAT-Anlage der Motor auf **verbleitem Superbenzin** laufen muss, der nicht überall oder nur mit zu geringer Oktanzahl zu haben ist. Aber auch, wenn Ihr Motor auf **verbleites Normalbenzin** angewiesen ist, können Sie in Zukunft in Versorgungsschwierigkeiten geraten, da dieses z. B. in Kanada nicht mehr erhältlich ist und andere Länder bestimmt nachziehen werden.

Bei **Dieselkraftstoffen** sind zwar auch Qualitätsunterschiede feststellbar, z. B. bei Schwefelgehalt und Dichte, aber diese werden letztendlich nicht zu Motorschäden führen, wie bei Benzinern, die über längere Zeit mit einer zu niedrigen Oktanzahl betrieben werden. Eine zu hohe Dichte und die dadurch verstärkte **Rußbildung** sind genauso wenig ein Problem wie ein erhöhter Schwefelgehalt, wenn das Motorenöl, das Ruß und Schwefel aufnimmt, jeweils frühzeitig gewechselt wird. Eine zu geringe Dichte macht sich, wenn überhaupt, nur durch eine etwas niedrigere Motorleistung bemerkbar.

Abgesehen vom raueren Motorlauf, dem höheren Laufgeräusch und vielleicht noch dem Kälteverhalten des Dieselkraftstoffes (das aber durch Vorheizen oder durch spezielle Zusätze verbessert werden kann), dürfte der einzige Nachteil des Diesels der höhere **Anschaffungspreis** sein. Aber auch dieser Nachteil relativiert sich sehr schnell, weil Dieselkraftstoff in fast allen Ländern erheblich billiger angeboten wird als Benzin. Nicht zu vergessen ist auch der weitaus unproblematischere Umgang mit Dieselkraftstoff, vor allem beim Transport (im Gegensatz zum leicht entzündlichen Benzin).

Zusätzlicher Kraftstofftank

Wer größere Strecken ohne gesicherte Kraftstoffversorgung zurücklegen oder sich etwas unabhängiger von teuren Outbackstationen machen will, sollte sich Gedanken über einen Zusatztank machen. Einige Hersteller bieten vergrößerte, so genannte **Langstreckentanks** als Sonderzubehör bereits ab Werk an. Diese Tanks lassen sich auch

Fahrzeug vorbereiten

nachrüsten und sind die eleganteste Lösung für die Vergrößerung des Aktionsradius.

Wenn es die Platzverhältnisse und die Bodenfreiheit erlauben, können auch weitere im Handel erhältliche **Standardtanks** angebracht werden. Der zusätzlich mitgeführte Kraftstoff kann dann mittels einer 12-Volt-Pumpe bei Bedarf einfach in den Haupttank umgepumpt werden. Dies ist vor allem bei Dieselfahrzeugen einfacher als eine Tankumschaltung, da Vor- und Rücklauf immer gleichzeitig umgeschaltet werden müssen. Es ist auch nicht möglich den Haupttank zuerst leer zu fahren, denn dann müsste die komplette Kraftstoffanlage entlüftet werden.

Die exklusivste Variante ist die **Maßanfertigung** eines Kraftstofftanks durch einen Tankbauer, wobei vorhandene Hohlräume ausgenutzt werden.

Die günstigste dagegen ist die Mitnahme eines oder mehrerer **Zusatzkanister,** die von Zubehör- und Expeditionsausrüstern in 20-Liter-Militärausführung recht preiswert angeboten werden und mittels Außenhalterung am Fahrzeug angebracht werden können.

HD-Papierluftfilter

Papierluftfilter können bei Verschmutzung zunächst ausgeblasen werden, müssen aber ab einem bestimmten Verschmutzungsgrad ausgewechselt werden. Im Handel werden für einige Fahrzeuge Papierluftfiltereinsätze in HD-(Heavy-Duty)-Ausführung angeboten. Diese besitzen eine vergrößerte Filterfläche und haben somit auch eine höhere Standzeit als die normalen Einsätze.

Luftansaugung

Die **Staubbelastung,** die auf europäischen Straßen bei etwa ein bis zwei Gramm/1000 km liegt, kann bei Pistenfahrten bis zu 50 Gramm ansteigen.

Für die Qualität der angesaugten Luft sind außer dem Straßenzustand aber auch die Wetterverhältnisse und die **Lage der Luftansaugung** von großer Bedeutung. Die optimale Lösung wäre, die

Luft möglichst weit oben am Fahrzeug anzusaugen, da mit steigender Ansaughöhe die Staubkonzentration erheblich absinkt.

Gute Ergebnisse bringt auch ein so genannter **Zyklonfilter,** der dem eigentlichen Papier- oder Ölbadfilter vorgeschaltet wird und durch eine spezielle Luftströmtechnik immerhin bis zu 90 % der Staubpartikel abscheidet. Diese Filter – auch Schleuderfilter genannt – werden entweder abgestimmt auf den jeweiligen Motor vom Fahrzeughersteller als Zubehör angeboten oder sind als Universalzyklone bei Expeditionsausrüstern erhältlich.

Windschutzscheibe

Bei den Frontscheiben von Fahrzeugen wird zwischen **Einscheiben-Sicherheitsglas** (ESG) und **Verbund-Sicherheitsglas** (VSG) unterschieden. ESG besteht aus einem einlagigen Glas. Die Bruchfestigkeit von ESG ist zwar recht hoch, doch bereits bei einer kleinen Verletzung durch einen Stein bricht das Spannungsgefüge der Scheibe sofort zusammen und sie zerfällt in kleine Krümel.

Frontscheiben von Reisefahrzeugen sollten grundsätzlich mit VSG ausgerüstet sein. Bei VSG liegt zwischen zwei Lagen Glas eine dünne Kunststofffolie. Das Glas ist nicht vorgespannt, bei einer Beschädigung wird meistens nur das äußere Scheibenglas verletzt und es entsteht ein einzelner Riss oder ein Rundbruch an der Einschlagstelle. Die Sicht bleibt erhalten und die Fahrt kann fortgesetzt werden.

Obwohl die meisten Fahrzeughersteller heute Frontscheiben aus VSG einbauen, sind in Deutschland ESG-Scheiben nicht verboten und werden in Einzelfällen auch noch verwendet. Deshalb müssen Sie vor Reiseantritt am Stempelaufdruck der Front-

Fahrzeug vorbereiten

scheibe nachlesen oder beim Hersteller nachfragen, welcher Glastyp eingebaut ist. Bei Neubestellung eines Fahrzeugs ist es meistens möglich, dieses gegen Aufpreis mit einer VSG-Scheibe ausrüsten zu lassen, falls serienmäßig ESG vorgesehen ist.

Steinschläge lassen sich – vor allem auf unbefestigten Straßen, auf denen ein hohes Tempo gefahren wird – praktisch kaum verhindern. **Steinschlagschutzgitter** vor der Frontscheibe sind gewöhnungsbedürftig und behindern die Sicht besonders bei Nachtfahrten erheblich. Schutzgitter, die bei Bedarf vor die Frontscheibe geklappt werden, wären eine akzeptable Lösung, aber die Erfahrung zeigt, dass immer gerade dann ein Stein einschlägt, wenn niemand damit rechnet und kein Schutz vorgeklappt ist. Deshalb verzichten die meisten Reisenden ganz auf eine Schutzvorrichtung und finden sich mit der Tatsache ab, die mit Einschlägen und Rissen versehene Verbundglasscheibe nach der Rückkehr auszutauschen.

**Aufrüstung
nicht erlaubt**

Halogenbirnen mit erhöhter Wattleistung entsprechen nicht der deutschen Straßenverkehrsordnung und dürfen deshalb nur außerhalb ihres Geltungsbereiches eingesetzt werden.

Beleuchtung

Findet sich einmal kein geeigneter Übernachtungsplatz oder sind Sie aus anderen Gründen gezwungen, nachts zu fahren, dann sind Sie auf ordentliches Fahrzeuglicht angewiesen. Dies ist nicht nur notwendig, um unbeleuchtete Fuhrwerke rechtzeitig erkennen zu können. Mit gutem Licht kann man auch der verbreiteten Unsitte entgegenkommender Lkw begegnen, solange mit Fernlicht zu fahren, bis der Gegenverkehr etwas Vergleichbares aufbietet (danach wird meist unbeleuchtet weitergefahren!). Im Zubehörhandel und bei Expeditionsausrüstern werden **verstärkte Halogenbirnen** angeboten, die eigentlich für Rallyeeinsätze oder als Arbeitsscheinwerfer vorgesehen sind, aber den gleichen Sockel haben wie Fahrzeugscheinwerfer. H1 und H3 können auf 100 Watt (24 V, 130 Watt) und H4 auf 100/80 Watt (24 V, 100/90 Watt) hochgerüstet werden. H1- und H3-Lampen sollten wegen der hohen Temperaturentwicklung nur in metallenen Zusatz- oder Handscheinwerfern verwendet werden.

Falls Ihr Fahrzeug noch mit den alten **Bilux-AS-Lampen** ausgerüstet ist, dann versuchen Sie auf Halogenreflektoren umzusteigen. Ist dies nicht möglich oder zu teuer, dann verwenden Sie **Halogenlampen mit Biluxsockel,** die bei Expeditionsausrüstern in den Ausführungen 12 V, 60/55 Watt und 12 V, 100/80 Watt erhältlich sind.

Ersatzbirnen sollten Sie auf alle Fälle mitnehmen, wenn Ihr Fahrzeug mit einer Gasentladungslampe D1 ausgerüstet ist. Auch H4 in verstärkter Ausführung sind oft schwer nachzukaufen. Wer Nordamerika besucht, sollte als Ersatz auch normale H4-Birnen mitführen, da dort andere Haltesockel verwendet werden.

Da sich die Beleuchtung im stark gefährdeten, unteren Steinschlagbereich befindet, sollten die Scheinwerfer geschützt werden. Falls keines der bei Expeditionsausstattern erhältlichen **Steinschlaggitter** passt, müssen Sie sich mit punktgeschweißtem Drahtgitter aus dem Eisenwarengeschäft selbst behelfen. Die Lichtausbeute wird aber durch die Schutzgitter erheblich verringert, so dass Sie dann das Fahrzeug auf jeden Fall auch mit stärkeren Lampen ausrüsten sollten.

 Licht auf Linksverkehr einstellen

Wollen Sie während der Reise auch Länder mit Linksverkehr besuchen, die bei der Einreise das Fahrzeug überprüfen (Neuseeland, Australien), müssen Ihre Scheinwerfer symmetrisches Abblendlicht ausstrahlen. Dies erreichen Sie, indem Sie das auf den Scheinwerfergläsern als Dreieck zu erkennende Feld einfach mit Isolierband abkleben.

025fr Abb. bb

Bereifung

▲ Bei Schlamm-strecken wären manchmal Schnee-ketten nicht von Nachteil.

Eines der unter Fernreisenden wohl am heißesten diskutierten Themen ist die Auswahl der Reifen sowie die Behebung von Schäden an ihnen. Aus der Erfahrung lässt sich sagen: Je überlasteter ein Reifen ist, umso anfälliger ist er. **Überlastung** entsteht aber nicht nur durch harte Einsatzbedingungen, für die er nicht konzipiert wurde, sondern auch durch ein zu hohes Gewicht durch Überladung des Fahrzeugs. Auch das **Alter eines Reifens** darf nicht unterschätzt werden. Dies beweisen die vielen Wohnwagenunfälle während der Urlaubszeit: Obwohl die Reifen der Wagen zumeist kaum gefahren und nie mit hohem Gewicht belastet wurden, bleiben unzählige Reisende mit Reifenschaden liegen.

> [!] Um derartigen Problemen zu entgehen, sollten Sie deshalb vor der Reise Neureifen mit ausreichender Tragfähigkeit montieren.

Reifenprofil

Das Reifenprofil sollte den **Einsatzbedingungen** angepasst sein. Es macht wenig Sinn, nur wegen der Optik mit grobstolligem Geländeprofil aufzubrechen, wenn man sich in erster Linie auf Straßen fortbewegen will. Dieser Reifen verschleißt sehr schnell, rollt sehr laut ab und verschlechtert den Fahrkomfort erheblich. Andererseits ist ein Straßenreifen nicht dazu gemacht, im steinigen Gelände mit wenig Luftdruck bewegt zu werden.

Es gilt deshalb, im Vorfeld zu überlegen, welchen Einsatzbedingungen die Bereifung ausgesetzt sein wird. Da meistens schlechte Straßen mit gelegentlichem Pisteneinsatz befahren werden, entscheiden sich die meisten für ein etwas grobstolligeres **Straßenprofil in verstärkter Ausführung.** Diese mit der Bezeichnung „reinforced" gekennzeichneten Reifen verfügen nicht nur über eine erhöhte Tragfähigkeit, sondern meist auch über eine mit verstärkter Scheuerleiste versehene Seitenwand.

Tragfähigkeit

Im Fahrkomfort macht sich eine höhere Tragfähigkeit kaum bemerkbar, bei den Kosten hingegen deutlich. Trotzdem sollten Sie beim Reifenkauf tiefer in die Tasche greifen und auf hohe Tragfähigkeit achten, vor allem dann, wenn schlechte Straßenverhältnisse zu erwarten sind.

Die Tragfähigkeit ist auf dem Reifen vermerkt, entweder durch die **PR-(Ply-Rating)-Zahl** und/oder durch den **LI (Load-Index).** Hierbei gilt: Je höher der LI oder die PR-Zahl, desto höher ist auch die Tragfähigkeit. Bei Reifen neueren Datums erscheint der LI-Index zusammen mit dem Geschwindigkeits-Kennbuchstaben hinter der Felgengröße, z. B. 185 R 14 _85M_. Auch das Produktionsdatum ist

Tragfähigkeit von Reifen: LI-Index	
LI	**kg**
_65_	_290_
_70_	_335_
_75_	_387_
_80_	_450_
_85_	_515_
_90_	_600_
_95_	_690_
_100_	_800_
_103_	_875_

auf den Reifen vermerkt. Nach dem Aufdruck DOT folgt eine dreistellige Zahl. Die beiden ersten Ziffern bezeichnen die Herstellungswoche, die letzte Ziffer das entsprechende Jahr.

Schlauch oder schlauchlos?

Diese Frage stellt sich nur für diejenigen, deren Fahrzeugfelgen überhaupt für Schlauchlosreifen zugelassen sind. Nur dort können die mit „tubeless" (schlauchlos) gekennzeichneten Reifen aufgezogen werden. Reifen, die nicht ohne Schlauch gefahren werden dürfen, sind an der Bezeichnung „tube-type" zu erkennen.

Folgende **Argumente** werden häufig **gegen schlauchlose Reifen** vorgebracht:

- „Der Reifendruck kann, beispielsweise für kurze Sandfahrten, nicht stark genug erniedrigt werden." Der Luftdruck sollte aber generell nicht unter 0,6 bar herabgesetzt werden und damit bleibt selbst ein schlauchloser Reifen noch auf der Felge und verliert keine Luft.
- „Bei felsigem Untergrund kann es zu einem plötzlichen Luftverlust durch eine deformierte Felge kommen." Dies ist eigentlich richtig, wird Ihnen aber nicht allzu leicht passieren und ist mit einem normal aufgepumpten Reifen fast unmöglich.
- „Einen Schlauchlosreifen kann man nach einer Reifenreparatur ohne hohen Luftüberschuss nicht aufpumpen, da die Flanken nicht abdichten und daher erst gar kein Druck entsteht!" Dies stimmt nur, wenn Sie den Reifen mit einer Fußpumpe aufpumpen wollen. Schwierig wird es allerdings dann, wenn der Reifen unsachgemäß von der Felge gewürgt und dabei der Wulst beschädigt wurde. An dieser Stelle wird der Reifen nicht abdichten. Sollten Sie keinen Erfolg haben, dann umspannen Sie den Reifen an der Lauffläche mit

einem Ratschengurt und ziehen diesen zu, bis sich die Seitenflanken an den Hump anlegen. Anschließend lässt sich der Reifen erfahrungsgemäß ohne Probleme mit jedem Kleinkompressor aufpumpen.

Die meisten **Vorteile des Schlauchlosreifens** zeigen sich bei der Reparatur. Denn die meisten Schäden im Bereich der Lauffläche entstehen bekanntlich durch spitze Gegenstände, die den Reifen durchstechen. Hierbei verlieren Schlauchreifen dann schlagartig ihren Druck, während dieser bei den schlauchlosen meist nur langsam oder überhaupt nicht absinkt.

Reifenreparatur

Zur Reparatur muss bei Schlauchreifen der komplette Schlauch demontiert werden. Beim Modell ohne Schlauch genügt es, den Übeltäter, z.B. einen Nagel, herauszuziehen, die Schadensstelle etwas zu bearbeiten und von außen einen Reparaturpfropfen mit Vulkanisierflüssigkeit einzuführen. Nach fünf Minuten wird der Reifen wieder aufgepumpt, ist sofort wieder einsatzbereit und die Fahrt kann fortgesetzt werden.

Diese Reparaturmethode war früher bei Diagonalreifen üblich, ist aber für Radialreifen vom deutschen Gesetzgeber nicht mehr erlaubt. Trotzdem habe ich auf diese Art und Weise auf Fernreisen schon zig Radialreifen innerhalb von Minuten geflickt und nie schlechte Erfahrungen gemacht. Hergestellt wird das **Reparaturset** unter der Bezeichnung „Super Sealastic" von der Firma TipTop und wird von einigen Reiseausrüstern in verschiedenen Ausführungen mit Reparaturpfropfen, Einführahle und Vulkanisierflüssigkeit vertrieben. Die mitgelieferte Einführahle ist im hinteren Teil als Rundfeile ausgeführt, damit die Schadstelle vor Ort bearbeitet werden kann, bevor der Pfropfen eingeführt wird. Ebenfalls von TipTop wird unter der Bezeichnung „Minicombi A" die offizielle Reparaturlösung für Radialreifen angeboten. Hier muss aber der Reifen von der Felge montiert und von innen ein Reparaturpfropfen eingesetzt werden.

Reparaturpfropfen sicher einführen

Bedingt durch den Stahlgürtel ist das Einführen des Pfropfens manchmal etwas schwierig und nicht selten reißen die Pfropfen ab. Einfacher geht's, wenn Sie den Reifen bis zur nächsten Tankstelle mitnehmen, sich dort eine Bohrmaschine leihen und mit einem mitgeführten 5,5-mm-Bohrer und einem kleinen Fräser die Schadensstelle vor dem Pfropfeneinsatz bearbeiten.

Ein Fehler, der immer wieder gemacht wird, ist das **Einsetzen eines Schlauches** in einen auf der Lauffläche verletzten Radialreifen. Durch den eingedrungenen Fremdkörper ist aber der Stahlgürtel beschädigt und innerhalb kürzester Zeit werden Drähte des verletzten Stahlgeflechtes den neu eingesetzten Schlauch beschädigen, was zu ständigen weiteren Platten führt. Daher muss vor dem Einsetzen des Schlauches auf die Einstichstelle unbedingt ein so genanntes Reifenpflaster aufvulkanisiert werden.

Beim **Aufpumpen** eines mit einem Schlauch versehenen Schlauchlosreifens ist auch unbedingt darauf zu achten, daß sich zwischen Reifen und Schlauch keine Luftpolster bilden. Drücken Sie deshalb während des Aufpumpens das Ventil etwas nach innen, damit die Luft hier entweichen kann.

Um einen Reifen sachgemäß von der Felge zu montieren, kann etwas Übung schon zu Hause nicht schaden. Sie sollten vor allem darauf achten, daß die verwendeten **Montiereisen** von guter Qualität sind, da bei Verwendung von „Billigangeboten" nicht selten schwere Verletzungen entstehen. Vorteilhaft sind übrigens immer zwei Montiereisen.

Kommt es während der Montage oder Demontage auf bzw. von der Felge zu Geräuschen, die vermuten lassen, daß Gewebeeinlagen im Inneren des Reifens reißen, dann kontrollieren Sie, ob der Reifenwulst auf der Gegenseite weit genug ins Felgenbett gedrückt ist, da der Reifen andernfalls überdehnt wird.

Seit einigen Jahren werden Geräte angeboten, die das **Abdrücken des Reifenwulstes** ins Felgenbett erleichtern sollen. Allerdings ist mir die Existenzberechtigung dieser oftmals sperrigen und recht teuren Hilfsgerätschaften nicht so ganz einsichtig, da das eigentliche Problem nicht im Abdrücken ins Felgenbett besteht, sondern in der (De)montage von der bzw. auf die Felge, welche aber durch diese Geräte in keiner Weise erleichtert wird. Das Abdrücken selbst ist recht einfach zu bewerkstelligen, indem man den originalen, einen hydraulischen oder einen so genannten Highlift an der Seitenwand des Reifens direkt am Felgenrand ansetzt, diesen dann gegen den Fahrzeugaufbau stemmt und so mit Hilfe des Fahrzeuggewichtes den Reifen ins Felgenbett drückt.

▼ *Vulkanisieren auf Laotisch: einfach, aber haltbar*

Fahrzeug vorbereiten

097fr Abb.: kw

Ersatzreifen

Für den Fall, dass Sie unterwegs mit Reifenschaden liegen bleiben, sollten Sie über einen gleichwertigen Ersatzreifen verfügen. Daher ist es auf jeden Fall sinnvoll, **zwei Neureifen mitzunehmen,** nicht nur wegen des beruhigenden Gefühls bei einer auftretenden Reifenpanne, sondern auch als Ersatz, wenn die Reifen auf der Antriebsachse verschlissen sind. Die neuen werden dann dort aufgezogen, während die alten als Ersatzreifen solange mitgeführt werden, bis auch beim verbliebenen Paar ein Wechsel ansteht. Dann kaufen Sie zwei neue und suchen sich aus den übriggebliebenen die besten zwei als Ersatzreifen heraus.

Reifen im Reiseland

Im Vorfeld ist es schwierig zu klären, welcher Reifen in welchem Land nachgekauft werden kann. Je exotischer aber ein Reifen und sein Profil schon hierzulande sind, umso schwieriger gestaltet sich die Beschaffung im Ausland. Transporterbereifung ist erfahrungsgemäß weltweit genauso problemlos zu bekommen wie normale Geländereifen, die auf Serienfelgen gefahren werden. Schwierig und meistens auch erheblich teurer wird es bei Sonderfelgen und Spezialprofilen. Vielleicht werden Sie aber im Internet fündig, denn viele Reifenhersteller und Händler haben bereits ihr Angebot ins Netz gestellt. Dort können Sie schon vor der Reise erfahren, ob Ihre Reifen im Reiseland gängig sind und zu welchen Preisen sie dort gehandelt werden.

Stoßdämpfer

Schwer beladene Reisefahrzeuge in Kombination mit schlechten Straßenverhältnissen können die Stoßdämpfer bis an die Grenze ihrer Leistungsfähigkeit belasten: Diese Tatsache ist weitgehend bekannt. Um Fahrverhalten und Fahrsicherheit durch ständige Stoßdämpferausfälle nicht mehr als nötig zu beeinträchtigen, sollten die Dämpfer an die hohen Anforderungen angepasst werden.

Bei Neuwagenkauf bieten die meisten Fahrzeughersteller gegen Aufpreis **verstärkte Stoßdämpfer** in HD-(Heavy-Duty)-Ausführung an, gekennzeichnet auch als „Schlechtweg-" oder „Tropendämpfer". Im Zubehörhandel werden diese Ein- oder Zweirohrdämpfer auch zum nachträglichen Einbau als HD- oder bei höchster Beanspruchung für Geländeeinsätze in 4 x 4-Ausführung vertrieben. HD-Dämpfer verfügen laut Hersteller über eine verstärkte Kolbenstange sowie über ein größeres Ölvolumen.

Heavy Duty

Stoßdämpfer wandeln den größten Teil der aufgenommenen Bewegungsenergie in Wärme um. Im Vergleich zu Standarddämpfern lassen die meisten Dämpfer in verstärkter Ausführung kurzzeitig mehr als die doppelte Öltemperatur zu. Das macht sie für Fernreisen im Grunde unverzichtbar.

Fahrzeug vorbereiten

Überwachungsinstrumente

Von der Außenluft- bis zur Zylinderkopf-Temperatur ist alles messbar. Bei manchen der im Zubehörhandel erhältlichen Instrumente macht ein Einbau durchaus Sinn. Einige der Messgeräte, die man vielleicht in Erwägung ziehen könnte, sind nachfolgend aufgeführt.

Drehzahlmesser

Der Drehzahlmesser ist ein äußerst empfehlenswertes Messgerät: Wer glaubt, auf ihn verzichten zu können, sollte einmal versuchen, auf einer abwärts führenden, mit Schotter geteerten Straße im dritten Gang die Drehzahl abzuschätzen! Durch die Geräuschkulisse ist dies nahezu unmöglich, vor allem bei Fahrzeugen, die eine gute Schallisolierung oder den Motor hinten haben. Bereits viele Motoren wurden durch den falschen Gang ruiniert, denn bei Bergabfahrt kann selbst ein Drehzahlbegrenzer den drohenden Exodus der Maschine nicht verhindern. Die treibenden Räder drehen den Motor nämlich über den Begrenzer hinaus.

Bei Benzinern ist ein **nachträglicher Einbau** meist unproblematisch, da Zündimpulse oder Motorsensoren zur Ansteuerung der Anzeige verwendet werden können. Beim Diesel ist der Einbau auch nicht schwierig, sofern die Lichtmaschine einen Drehzahlmesserausgang besitzt oder auf diesen umgebaut wird. Andernfalls kann auch an der Einspritzleitung ein Kontaktgeber angebracht werden.

Öldruckanzeige

Die vom Fahrzeughersteller aus Kostengründen verwendete Öldruckkontrollleuchte sagt im Grunde nur aus, ob die Ölpumpe arbeitet oder ob sie bereits gänzlich ausgefallen ist, denn die Schaltschwelle des Gebers liegt sehr niedrig. Der Öldruck ist aber ein wichtiger Anzeiger für den Zustand Ihres Motors, da jeweils ein festgelegter Mindestöldruck existiert, der bei einer bestimmten Drehzahl nicht unterschritten werden sollte. Sinkt der Druck in den kritischen Bereich ab, kann man dies anhand der Öldruckanzeige sofort erkennen und frühzeitig reagieren. Zum Beispiel bei Ölmangel durch Undichtigkeit, starker Schräglage oder im schlechtesten Fall bei einem Defekt der Ölpumpe oder eines Gleitlagers.

Öltemperaturanzeige

Eine Anzeige der momentanen Öltemperatur ist zwar informativ, bringt aber im Endeffekt nur etwas, wenn man auch weiß, wie hoch die Temperatur genau an der Stelle, wo der Geber eingeschraubt ist, maximal ansteigen darf. Ansonsten lassen sich zwar abweichende Tendenzen erkennen, aber nicht der Zeitpunkt, wann die Temperatur den kritischen Bereich erreicht hat. In der Ölwanne gemessen, liegt die Temperatur bei den meisten Fahrzeugen um etwa 10–15 °C höher als an den oberen Schmierstellen, d. h., eine Messung im Bereich Zylinderkopf würde beispielsweise entsprechend geringer ausfallen. Falls Sie eine Temperaturanzeige installieren wollen, fragen Sie am besten beim Fahrzeughersteller nach, wie hoch die Temperatur an der Messstelle unter normalen Fahrbedingungen ansteigt und wo der kritische Bereich beginnt.

Wassertemperaturanzeige

Sollte Ihr Fahrzeug nicht mit einer ausreichenden Temperaturanzeige für das Kühlwasser ausgerüstet sein, ist der Einbau eines Messinstrumentes überlegenswert. Sie sind damit in der Lage, **Unregelmäßigkeiten im Kühlkreislauf** zu erkennen und damit große Schäden infolge von Überhitzung, meist am Zylinderkopf, zu vermeiden. Ein schlecht gespannter Keilriemen, der die Wasserpumpe nur ungenügend antreibt oder ein Ausfall des elektrischen Kühlluftgebläses sind dann sofort an der ansteigenden Wassertemperatur erkennbar.

Für außerordentlich wichtig halte ich den Einbau einer **Wasserstandsanzeige,** die dem Fahrer über eine Warnlampe mitteilt,

Kühlwasserstandsanzeige
Diese Anzeige sollte in jedem Fahrzeug vorgesehen sein. Die Temperaturanzeige reagiert bei plötzlichem Wasserverlust erfahrungsgemäß sehr schleppend und es ist nicht auszuschließen, dass bereits Schäden am Motor auftreten, bevor die Anzeige anspricht.

dass die Anlage irgendwo undicht ist und Kühlwasser verloren geht. Schon ein kleiner Stein, der eine Kühllamelle des Kühlers trifft, reicht aus, um unbemerkt Kühlwasser austreten zu lassen. Die Motortemperatur steigt bei plötzlichem Wasserverlust dann sehr schnell an, was über die Temperaturanzeige oft erst erkannt wird, wenn es zu spät ist und schon erste Schäden aufgetreten sind. In der Folge kann es zu einer gerissenen Zylinderkopfdichtung und sogar zum kapitalen Motorschaden kommen!

Volt-/Ampere-Anzeige

Eine Überwachung der elektrischen Anlage mit einem Amperemeter, das den momentanen Generatorstrom misst, halte ich nicht für unbedingt notwendig, da so gut wie alle Fehler am Generator durch die Ladekontrolllampe angezeigt werden. Die Messung des Ladestroms ist auch nicht ganz einfach, denn hierzu muss der gesamte Strom der ungesicherten Ladeleitung über das Anzeigeinstrument fließen, was ein Verlängern der Kabel voraussetzt und ein nicht unerhebliches Gefahrenrisiko birgt.

Bordbatterie messen

Ist Ihr Fahrzeug zusätzlich zur Starterbatterie mit einer Bordbatterie für die Standverbraucher ausgestattet, dann sollte das Voltmeter so angeklemmt werden, dass durch einen Umschalter auch die Spannung der Bordbatterie ermittelt werden kann. So haben Sie einen ungefähren Anhaltspunkt für den Ladezustand im Standbetrieb.

Installieren Sie einen **Voltmeter,** dann wird Ihnen zwar nicht angezeigt, wie viel Leistung Ihr Generator gerade abgibt, aber eigentlich ist sowieso nur interessant, ob er überhaupt arbeitet und dies können Sie auch an der angezeigten Spannung erkennen.

Ein defekter Generatorregler ist mit einem Voltmeter auch sofort zu lokalisieren, wenn die Spannung an der Anzeige über die normale Reglerspannung hinaus ansteigt. Allerdings tritt dieser Fehler nur sehr selten auf.

Außentemperaturanzeige

Das Ermitteln der Außentemperatur kann vielleicht interessant sein, aber ein solches Messinstrument als Glatteiswarner zu verkaufen, ist schon gemeingefährlich. Um zum Thema Glatteis eine sichere Aussage machen zu können, müsste die Temperatur schon direkt am Boden gemessen werden und nicht am Fahrzeug, also 20-30 cm darüber. Bei Bodenfrost kann folglich die Anzeige noch einige Grad plus ermitteln und zu unvorsichtiger Fahrweise verleiten, obwohl die Fahrbahn bereits spiegelglatt ist.

Diebstahlschutz

Eines vorweg: Einen absoluten Schutz vor Einbruch oder Diebstahl des Fahrzeugs gibt es nicht. Selbst ausgeklügelte **Wegfahrsperren** werden von Profis überwunden. Da es sich bei Reisefahrzeugen aber selten um gefragte Fahrzeugtypen handelt, dürfte die Gefahr des Diebstahls sowieso gering sein.

Diebe haben es eher auf den Wohnbereich eines Campers abgesehen. Bei diesen Fahrzeugen ist der Einstieg auch nicht sehr schwierig. Tür- und Fensterkonstruktionen stellen selbst für den ungeübten Laien kein größeres Problem dar. Erschweren kann man den Einstieg durch selbstgefertigte Fensterverstrebungen und eine zusätzliche Türverriegelung. Wird der Wohnbereich vom Fahrerhaus darüber hinaus noch mit einer stabilen Zwischentür abgetrennt, hat man wenigstens das Einstiegsrisiko etwas erschwert. Eine stabile, verriegelbare Tür zwischen Wohnraum und Fahrerhaus ist auch bei der Fahrzeugverschiffung sinnvoll, da die Fahrzeuge fast immer unverschlossen an Bord stehen müssen.

Eine weitere Möglichkeit das Einbruchsrisiko zu verringern ist der Einbau einer **Alarmanlage.** Im Zubehörhandel werden die unterschiedlichsten Syste-

Lenkradsperren *sind als Diebstahlschutz absolut ungeeignet, da sie durch einen einfachen Schnitt ins Lenkrad abgenommen und dann am Kupplungspedal ausgehängt werden können. Da Sie aber einen scheinbar unüberwindbaren Eindruck vermitteln, liegt die Vermutung nahe, wenigstens unprofessionelle Gelegenheitsdiebe könnten abgeschreckt werden, gleich das ganze Auto mitzunehmen.*

Fahrzeug vorbereiten

Diebstahlrisiko weltweit

*Nach Verlassen der Heimat ist das Einbruchsrisiko in den **südeuropäischen Gebieten,** speziell in Spanien, Südfrankreich und Italien, vermutlich am höchsten.*

*Dass in **Asien** oder anderen dichtbesiedelten Gebieten Touristenfahrzeuge aufgebrochen werden, ist dagegen wenig wahrscheinlich, da immer und überall Leute unterwegs sind und ein unauffälliges Einsteigen in ein Fahrzeug fast unmöglich ist. Noch unwahrscheinlicher ist der Diebstahl des kompletten Wagens, da dieser viel zu auffällig wäre.*

*In **Australien und Neuseeland** werden in den Groß-städten zwar hin und wieder Fahrzeuge aufgebrochen, das Risiko dürfte aber erheblich geringer sein als in unseren Breitengraden.*

*In **Nordamerika** sind ebenfalls am ehesten die Groß-städte betroffen, genauso wie in Südamerika, wo aller-dings in einigen Ländern eine erhöhte Vorsicht ange-bracht ist.*

Trotzdem ist es natürlich sinnvoll, den Einstieg ins Fahr-zeug möglichst zu erschweren, um wenigstens die nicht-professionellen Autoknacker, die mit Schraubenzieher und Draht auf Tour gehen, abzuschrecken.

Literaturtipp:
Matthias Faermann, „Schutz vor Gewalt und Kriminalität unterwegs". Der Praxis-Ratgeber zur Gefahrenerkennung und -abwehr. ISBN 3-89416-756-4, Reise Know-How Verlag

me angeboten. Dabei reicht das Angebot vom ein-fachsten Alarm, der durch Türkontakte ausgelöst wird, bis hin zur Ultraschallanlage mit automati-scher Handyaktivierung. Auch wenn die Alarmanla-ge nicht unbedingt vor dem Versuch eines Ein-bruchs schützt, ist sie sinnvoll, da ein „richtiger" Ein-bruch zumeist erheblichen Schaden verursacht.

Eine bis jetzt nur in Europa angewandte Metho-de, in Fahrzeuge einzusteigen, ist das Verströmen von **K.-o.-Gas** in den Innenraum, während nachts alles schläft. Auch wenn dies bisher nur Einzelfälle sind, sollten Sie trotzdem über eine Vorsorge nachdenken. Unlängst wurden speziell für solche Fälle Anlagen entwickelt, die bei hoher Gaskonzentration (Propangasmelder sprechen nicht an) Alarm auslösen.

Aber auch für die Zeit, in der Sie selbst nicht im Fahrzeug sind, sollten Sie sich absichern. Alle Wertsachen mitzunehmen ist oft nicht praktikabel. Deshalb bietet sich ein **Safe** oder wenigstens ein **doppelter Boden** im Fahrzeug als Versteck an. Einige Reiseprofis schwören sogar auf zwei Verstecke: Sollte es zu einem Überfall kommen, wird nur das eine Versteck preisgegeben und dessen Inhalt überreicht in der Hoffnung, dass die „Geschäftspartner" sich damit zufrieden geben.

Einfache Alarmanlage

Bewährt hat sich der Einbau einer Alarmanlage, die über die Türkontakte ausgelöst wird und die auch zusätzlich vom Innenraum aus aktiviert werden kann. Diese Art der Alarmsicherung ist weitaus unanfälliger als die sensiblen Ultraschallanlagen und vor allem kann das Fahrzeug auch abgesichert werden, während man schläft.

Fahrzeug vorbereiten

▼ *Keine Diebe, sondern Entdecker*

Klimageräte

Klimaanlagen in Fahrzeugen arbeiten entweder nach dem Kompressor- oder dem Verdunsterprinzip. Den höheren Wirkungsgrad besitzen **Kompressoranlagen.** Der Kompressor wird dabei entweder direkt vom Motor angetrieben oder ist ans Stromnetz bzw. die Fahrzeugbatterie angeschlossen. Am effektivsten sind die direkt vom Motor angetriebenen Anlagen, bei denen die Kühlung allerdings nur dann funktioniert, wenn auch der Motor läuft. Elektrisch angetriebene Kompressoren sind zwar vom Fahrzeugmotor unabhängig, trotzdem ist die Stromversorgung dafür nicht immer gewährleistet. Während der Standzeiten unterwegs ist nicht immer Strom aus der Steckdose verfügbar und darüber hinaus weist in vielen Ländern selbst vorhandener Strom eine „falsche" Spannung von 115 V auf, mit der die auf 230 V ausgelegten Kompressoren nicht arbeiten können.

> **Klimageräte am Stromnetz**
>
> *Campingplätze sichern ihre Standplätze erfahrungsgemäß mit höchstens 6 A ab. Diese Stromstärke würde für den Betrieb eines Klimagerätes ausreichen, wenn nicht der Anlaufstrom des Kompressors um ein Vielfaches über diesem Wert läge. Klimageräte sollten deshalb grundsätzlich mit einem Leichtanlauf ausgerüstet sein, ansonsten sind die Geräte fast nirgendwo zu betreiben.*

Kompressoranlagen, die über 12 Volt betrieben werden, sind trotz hohen Stromverbrauchs sehr leistungsschwach und können nicht über einen akzeptablen Zeitraum aus der Fahrzeugbatterie gespeist werden. Dies gilt auch für 230-V-Anlagen, die mit Hilfe eines so genannten Wechselrichters über die Batterie versorgt werden sollen. Eine nicht gerade billige Lösung für solche Anlagen – aber überall anwendbar – ist der Betrieb über einen ausreichend großen 230-V-Stromgenerator. Dieser sollte dann aber ausreichend schallgedämmt sein.

Sparsamer im Stromverbrauch sind Klimageräte, die nach dem **Wasserverdunstungsprinzip** arbeiten. Hier ist mit Kühlung aber nur zu rechnen, solange Wasser verdunstet, denn bei diesen Anlagen wird die dabei entstehende Verdunstungskälte mit einem Ventilator in den Innenraum befördert. Bei trockener Luft und hoher Umgebungstemperatur arbeiten diese Geräte ganz zufriedenstellend. Steigt die Luftfeuchtigkeit aber an, sinkt die Kühlleistung erheblich. Die Anlagen laufen mit 12-V-Bordstrom und mit Hilfe einer ausreichend großen Solaranlage ist auch eine akzeptable Laufzeit zu realisieren.

Fahrzeug vorbereiten

082fr Abb.: bb

Wohn-
einbauten

Grundanforderungen

Je länger die geplante Reise dauern soll, desto gründlicher sollten Sie sich über die Wohneinrichtung Ihres Reisefahrzeugs Gedanken machen. Bedacht werden muss vor allem, wie die Ausrüstung am praktikabelsten verstaut wird und wo geschlafen werden kann.

Die einfachste Variante sind dabei stabile **stapelbare Alukisten:** Zusammengestellt und auf gleiche Höhe gebracht, ergibt sich eine Liegefläche und tagsüber dienen die herausnehmbaren Boxen als Sitzgelegenheit (auch unter freiem Himmel).

Fahrzeughöhe beachten
Soll das Fahrzeug per Seefracht im Container transportiert werden, ist das wichtigste Maß die Einfahrtshöhe. Diese liegt bei Standardcontainern, sowohl in der Höhe als auch in der Breite, bei etwa 2,20 m.

Wünscht man sich auf Reisen ab und zu einen Rückzugsort, ist eine **funktionelle Wohneinrichtung** nicht zu verachten. Je weiträumiger hierbei die vorhandenen Platzverhältnisse sind, umso komfortabler und gemütlicher kann man es sich einrichten. Bei einem kleineren Fahrzeug müssen dagegen Kompromisslösungen gefunden werden. Praktisch und platzsparend ist es z. B., wenn der vorgesehene Schlafplatz tagsüber so umgebaut werden kann, dass sich eine Sitzgelegenheit mit Tisch ergibt.

Ganz erheblich werden der Komfort und die Bewegungsfreiheit gesteigert, wenn der **Innenraum Stehhöhe** zulässt. Bei Wohnmobilen und größeren Kastenwagen ist dies sowieso der Fall, schwieriger wird es bei Geländewagen und kleineren Transportern. Abhilfe können aber nachträglich montierte Hoch- oder Aufstelldächer schaffen. **Aufstelldächer** werden bei Bedarf aufgeklappt und haben den großen Vorteil, die Gesamthöhe in eingeklapptem Zustand nur unwesentlich zu erhöhen. Der Nachteil ergibt sich durch den zumeist verwendeten Zelt-stoff. Dieser isoliert weder gegen Kälte noch gegen Lärm und muss bei Weiterfahrt nicht selten feucht eingeklappt werden. Bei Aufstelldächern, die gleich-zeitig als Schlafplatz dienen, ist von außen für jeden auch sofort ersichtlich, dass hier gecampt wird. Es ist also mit dieser Ausbauvariante nicht möglich, ir-gendwo unerkannt zu übernachten.

Feste Hochdächer haben dagegen den nicht unerhebichen Nachteil der ausladenden Gesamt-höhe, die bei Fahrzeugverschiffungen zu Verlade-problemen und meist auch höheren Kosten führt.

Demjenigen, der sein Fahrzeug selbst ausbauen will, stehen je nach vorhandenen Platzverhältnissen und finanziellen Möglichkeiten unendliche Ausbau-varianten offen. Auch wenn die handelsüblichen Reisemobile in Bezug auf Ausstattung und Verar-beitung die wenigsten Fernreisen-den überzeugen, kann hinsicht-lich Platz- und Raumaufteilung so manche gute Idee abgeschaut werden. Besuchen Sie am besten eine der bekannten **Fachmessen,** wie etwa den „Caravan Salon" in Düsseldorf. Dort kann man sich nicht nur Reisemobile in allen möglichen Ausbauvarianten an-schauen, sondern sich auch gleich über das nötige Ausbauzu-behör informieren.

Wer sich für ein klassisches Wohnmobil als Reisefahrzeug entschieden hat, muss sich in den seltensten Fällen Gedanken um

Fahrzeugzuladung beachten

Halten Sie sich bei der Planung und während der Ausbauphase immer vor Augen, wie viel Gewicht Ihr Fahrzeug tragen kann. Beziehen Sie in Ihre Rechnung auch volle Wassertanks und mitzuführende Ersatzteile mit ein. Vielleicht beruhigt es Sie zu wis-sen, dass nur wenige Fernreisende unter dem zulässigen Gesamtgewicht bleiben. Versuchen Sie aber trotzdem, dieses nicht zu weit zu überschreiten.

die Raumaufteilung machen. Die **Gesamthöhe** ist aber, wie schon erwähnt, einer der entscheidenden Faktoren, wenn bei einer Containerverschiffung die Kosten ein bestimmtes Budget nicht überschreiten dürfen. Stehhöhe mit Hochdach bei Einhaltung der Standard-Containermaße ist nur mit einem Fahrzeug in VW-Bus-Größe machbar, wobei der Innenraum mit Isolierung auch nur Personen bis 1,80 m Stehhöhe bietet. Sehr aufwändig ist es übrigens, wenn die Stehhöhe sich über die gesamte Fahrzeuglänge erstrecken soll. In diesem Fall müssen die Dachverstrebungen herausgetrennt und in Hochdachform wieder neu eingeschweißt werden. Einfacher ist es, wenn man den Dachausschnitt so wählt, daß nur zwischen den jeweiligen Verstrebungen Blech herausgenommen werden muss.

Fenster, Isolierung, Möbelbau

Fenster

Bevor der Einbau der Möbel erfolgen kann, müssen Reisefahrzeuge gegen Kälte bzw. Wärme isoliert und gleichzeitig die vorgesehenen Fenster eingebaut werden, falls nicht schon welche vorhanden sind. Aber selbst dann sollten Sie bedenken, dass die normale Fahrzeugverglasung als Einfachglas ausgeführt ist und daher bei kühler Witterung oder beim Kochen zu erheblicher **Kondenswasserbildung** führt. Da feste Scheiben außerdem zum Lüften nicht geöffnet werden können, sollten Sie einen Austausch der Scheiben in Erwägung ziehen.

Wollen Sie Ihr Gefährt von Grund auf als Reisefahrzeug aufbauen, dann sollten Sie sich von vornherein besser für einen **geschlossenen Kastenwagen ohne Fenster** entscheiden. Im Gegensatz zu einem rundum verglasten Fahrzeug können Sie dann genau dort Fenster einsetzen, wo sie auch sinnvoll sind und nicht nur den (unerwünschten) Einblick von außen erleichtern. Ausreichend sind normalerweise doppeltverglaste Fenster im Sitzbereich, die

Reisemobilfenster

Doppelverglaste Acrylglasscheiben werden bei Reisemobilausstattern als Schiebe- oder Ausstellfenster in allen Größen angeboten. Schiebefenster haben den Vorteil, dass sie während der Fahrt offen bleiben können; bei Regen müssen sie aber auch sofort geschlossen werden. Da Ausstellfenster eine größere Lüftungsfläche bieten, empfiehlt sich eine Kombination aus beiden Varianten, wobei im Küchenbereich sinnvollerweise das Ausstellfenster zum Einsatz kommen sollte. Achten Sie beim Fensterkauf auch darauf, dass innerer und äußerer Fensterrahmen durch eine Zwischenisolation getrennt sind, da hier sonst immer Schwitzwasser entsteht.

Wohneinbauten

auch für eine gute Luftzirkulation sorgen, wenn sie sich gegenüber befinden. Im Schlafbereich sind Fenster eigentlich unnötig; interessant wäre höchstens noch eine kleine Scheibe für den Ausblick nach hinten, falls dieser nicht sowieso durch Ersatzreifen oder Benzinkanister zugebaut ist.

Der Fachhandel hält **doppelt verglaste Scheiben und Dachluken** in allen Formen und Größen bereit. Die meist aus Acrylglas hergestellten Scheiben sind zwar nicht kratzfest, aber vergleichbare Glasscheiben, z. B. aus dem Bootsbau, sind nahezu unbezahlbar.

Sehr zu empfehlen ist der Einbau einer **Dachluke,** damit Küchenmief und Stauwärme leichter abziehen können. Hierfür werden im Campingbereich Dachhauben in doppeltverglaster Ausführung angeboten, die bei leichtem Regen geöffnet bleiben können. Natürlich erhöht sich damit die Gesamthöhe des Fahrzeugs wiederum um einige Zentimeter, was bei der Einfahrt in Garagen oder Container schon zuviel sein kann. Alternativ bietet sich ein im

Zubehörhandel angebotenes kleines Glasdach an (40 x 40 cm), das allerdings nur einfach verglast ist und bei Regen sofort geschlossen werden muss.

Wichtig zu wissen, dass beim Einbau von Fenstern oder Entlüftungsöffnungen keinesfalls senkrecht verlaufende **Fahrzeugverstrebungen** herausgetrennt werden dürfen! Im Zweifelsfall fragen Sie besser beim Fahrzeughersteller nach, ob das Heraustrennen der Verstrebung unbedenklich ist.

Als nächstes empfiehlt sich dann, die Fenster mit **Moskito- und Verdunkelungsschutz** zu versehen. Einige Hersteller bieten auch Fenster mit bereits fest integrierten Rollos an, die direkt im Fensterrahmen laufen. Billiger kommen Sie weg, wenn Sie selbst Hand anlegen und einen lichtundurchlässigen Markisenstoff und ein zugeschnittenes Moskitonetz mit Klettband am Fensterrahmen befestigen. Es sind auch vorgefertigte Rollos im Handel, die nach oben geschoben einen Moskitoschutz nach Bedarf bieten und nach unten gerollt verdunkeln. Diese sind aber nur brauchbar, wenn die Seitenwand gerade ist, da sie sich ansonsten ständig verklemmen.

Isolierung

Bei der Isolierung des Reisefahrzeugs gehen die Meinungen der Experten auseinander. Die einen halten eine **Isolierung für sinnlos,** da es immer noch genügend Verstrebungen im Fahrzeug gibt, die nicht isoliert werden können und dann als Kältebrücken fungieren. Außerdem würde dann nicht nur die Wärme in kalten Regionen isoliert, sondern sich in heißen Gebieten die Hitze noch zusätzlich im Innenraum aufstauen.

Diese Argumentation ist zwar grundsätzlich richtig, es ist aber auch erwiesen, dass die Innentemperatur von isolierten Fahrzeugen von vornherein nicht so schnell ansteigt. Außerdem werden Sie

◀ Unterwegs mit dem selbst ausgebauten Expeditions-Unimog in einem afrikanischen Nationalpark

nicht immer in warmen Gefilden herumfahren und selbst dort kann es in den Morgenstunden empfindlich kühl werden. Ist das Fahrzeug dann nicht isoliert, werden Sie nach dem Erlöschen der zum Kaffeekochen entfachten Gasflamme schnell wieder frieren und auch beim Heizen wesentlich mehr Energie verbrauchen.

Zur Isolierung des Wohnraumes eignet sich **verschäumtes Polyäthylen,** wie es auch von Schlafsackunterlagen bekannt ist. Es wird in verschiedenen Stärken angeboten, ist gut zu verarbeiten und hat eine gute Isolationswirkung.

Die kostengünstigere Alternative **Styropor** eignet sich nur, wenn ausschließlich gerade Flächen zu isolieren sind, weil es sich nicht biegen lässt und bei Verspannungen des Fahrzeugs auf schlechten Wegstrecken zu quietschen beginnt.

Mineralwolle sollte nicht verwendet werden. Das Material ist zwar billig und fällt, sobald es mit Papier oder Alufolie verklebt ist, auch bei Erschütterungen nicht zusammen. Es ist aber gesundheitlich nicht ganz unbedenklich.

Innenverkleidung

Als Innenverkleidung empfehlen sich **Pappelsperrholzplatten** oder oberflächenbeschichtete **Faserplatten** mit einer Stärke von etwa 3 mm.

Zum Möbelbau sind **Sperrholzplatten** die beste Wahl, da diese relativ leicht und gut zu verarbeiten sind. 14 mm Wandstärke reichen für Schrank- und Küchenblockbau aus. Für Zwischenwände und Böden genügen auch 8-mm-Platten.

Bei schwerem Geländeeinsatz muss darauf geachtet werden, dass alle Einbauten mit den Außenwänden **stabil verschraubt bzw. verklebt** sind, wofür sich bei Expeditionsfahrzeugen auch verschäumte GfK-Platten empfehlen.

Besondere Beachtung sollten Sie der **Verriegelung von Schubladen und Schränken** entgegenbringen, um nicht ständig sich von Geisterhand öffnende Türen zu erleben. Bewährt haben sich selbst auf den schlechtesten Wegstrecken so genannte **Druckknopfschlösser,** die in geschlossenem Zustand in der Tür verschwinden und beim Hineindrücken entriegeln, wobei der Knopf dann gleichzeitig als Griff Verwendung findet.

Sind Sie allergisch gegen instabile **Tische,** bei denen durch die kleinste Bewegung dem Tischnachbarn der Kaffee aus der Tasse schwappt, dann müssen Sie sich hier etwas einfallen lassen. Steht ausreichend Platz zur Verfügung, dann erfüllt ein Hubtischgestell, das durch einen Klappmechanismus zum Bettenbau einfach abgesenkt werden kann, ganz gut seinen Zweck. Für beengte Platzverhältnisse werden dann in Ausrüstungskatalogen die abenteuerlichsten Einrohr-Schwenktischgestelle angeboten, die aber schon alle im Prospekt wackeln. Hier müssen Sie nun Ihre Phantasie anstrengen und selbst konstruieren, indem Sie z.B. die Tischplatte an einer Seite in einem Aufhängebeschlag arretieren und gegenüber mit einem Klapptischfuss versehen. Als Beschlag kann auch eine Regalhalterung dienen, die in jedem Heimwerkermarkt zu haben ist.

Der **Bettenbau** sollte, wenn möglich, keine größeren Umbau- oder Umräumaktionen erfordern. Ideal ist es, wenn das Fahrzeug so groß ist oder so konzipiert werden kann, dass Schlaf- und Sitzgelegenheit gleichzeitig zur Verfügung stehen. Dies hat den großen Vorteil, dass z. B. einer der Reisepartner noch etwas schreiben kann, ohne den anderen beim Schlafen zu stören.

Als Bett und Sitzgelegenheit bieten sich **Schaumstoffauflagen** an, die in verschiedenen Qualitäts- und Härtegraden angeboten werden. Raumgewicht 35 mit 10 cm Stärke hat sich dafür bewährt, da diese Auflagen zum Sitzen nicht zu weich und zum Schlafen noch nicht zu hart sind.

Problematisch ist bei Schaumstoffmatratzen immer der **Feuchtigkeitstransport.** Da der Schaumstoff selbst die durchs Schwitzen entstehende Feuchtigkeit nicht aufnehmen kann, transportiert er diese an den Stoff weiter, der dann feucht wird und nach einiger Zeit sogar Schimmel ansetzt. Abhilfe schafft hier eine tägliche Lüftung der Polster oder aber eine Unterlüftung durch Abstandstege oder Kokos-Latex-Matten, die einfach unter die Polster gelegt werden.

Wohneinbauten

Heizung

Eine Heizung gehört zur Innenausstattung des Reisefahrzeugs und sei es nur, um kühlere Morgen- und Abendstunden zu überbrücken. Als Brennstoff bieten sich Benzin, Diesel oder Gas an.

Benzin- bzw. Dieselheizungen haben den Vorteil, dass der Kraftstoff aus dem Haupttank entnommen werden kann und somit immer zur Verfügung steht. Nachteile bei diesen meist als Luftheizungen konzipierten Geräten sind das hohe Laufgeräusch, eine hohe Stromaufnahme sowie ein schlecht regelbarer Luftdurchsatz, der häufig auch eine zufriedenstellende Temperaturregelung verhindert.

Ist im Fahrzeug bereits eine Gasanlage als Kochstelle eingebaut oder vorgesehen, kommt natürlich auch eine **Gasheizung** in Frage. Marktführer sind hier die Truma-Heizgeräte, die über die Reisemobilausstatter in verschiedenen Leistungsklassen – abgestimmt auf die Raumgröße – angeboten werden. Außerdem sind kombinierte Kompaktgeräte erhältlich, die gleichzeitig Warmluft und Warmwasser erzeugen. Die Regelung der Innenraum- sowie der Wassertemperatur ist stufenlos einstellbar. Einziger Nachteil – sofern man nicht grundsätzlich etwas gegen Gas im Fahrzeug hat – dürfte die Gasbeschaffung im Ausland sein. (Siehe hierzu das Kapitel „Gasversorgung unterwegs".)

Vor allem bei Reisefahrzeugen der Oberklasse tauchten in den letzten Jahren **Heizsysteme nach dem Zentralheizungsprinzip** auf. Hierbei erwärmt ein Gasheizkessel eine Flüssigkeit, die dann durch die im Innenraum verteilten Heizkörper gepumt wird. Bei richtiger Auslegung der Heizkörper gewährleistet diese Anlage eine gleichmäßige Wärmeleistung. Der bauliche Aufwand ist allerdings erheblich, genauso wie der Preis von einigen tausend Euro und der Verbrauch an Gas.

Wasserinstallation

Bei diesem Thema stellt sich zunächst einmal die Frage, wie viel Wasser an Bord überhaupt benötigt wird. Eine pauschale Aussage ist sehr schwierig: Wer eine Duschmöglichkeit vorsieht oder wer plant, viele Tage autark in Wüstengebieten unterwegs zu sein, wird von vornherein größere Vorräte einplanen müssen.

Wassertanks zum Festeinbau bietet der Fachhandel in allen Größen und Formen an: entweder als Universaltank oder für einige Transporter auch als maßgeschneiderter Ab- oder Frischwassertank für Unterboden oder Sitzkonsole. Wichtig ist hierbei, dass der Tank eine Reinigungsöffnung besitzt und diese unterwegs auch gut zugänglich ist.

Für die Installation einer Wasseranlage hält jeder Reisemobilausstatter ein breites Angebot an Pumpen, Tanks, Hähnen und Schläuchen bereit. Zur Beförderung des Wassers bieten sich entweder Tauch- oder hochwertige Membranpumpen an.

Tauchpumpen sind die billigere Variante, befinden sich, wie der Name schon sagt, im Tank und leisten je nach Ausführung bei einem maximalen Druck von 1 bar 10 bis 18 Liter/Minute. Obwohl selbst billige Pumpen eine recht lange Lebensdauer haben, sollten Sie aber auch eine Ersatzpumpe mitführen.

Sollte die Tauchpumpe nicht mit einem **Rückschlagventil** ausgerüstet sein, dann empfiehlt es sich, dieses zusätzlich in die Schlauchleitung einzubauen, da ansonsten nach jedem Pumpen das geförderte Wasser zurück in den Tank läuft und von neuem hochgepumpt werden muss. In kälteren Ge-

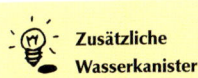

Zusätzliche Wasserkanister

Wenn Sie sich für einen Festeinbau der Tanks entscheiden, sollten Sie zusätzlich auch einen losen Wasserkanister mitführen, da es in den wenigsten Fällen möglich ist, direkt zur Wasserstelle zu fahren.

bieten sollte das Ventil dann aber wieder entfernt werden, da das Wasser im Schlauch wesentlich schneller einfriert als der große Wasservorrat im Tank.

Bei den großen **Membranpumpen** handelt es sich um selbstansaugende Pumpen mit einer Förderleistung von 1,5 bis 4 bar und je nach Ausführung bis zu 15 Liter/Minute. Sind mehrere Zapfstellen vorhanden, dann ist eine solche Druckpumpe notwendig und bei Betreibung einer Druckwasserentkeimungsanlage sowieso obligatorisch. Die meisten Druckpumpen besitzen einen eingebauten **Druckschalter,** der beim Erreichen des maximalen Wasserdrucks einfach abschaltet. Trotzdem sollten Sie die elektrische Ansteuerung der Pumpe über einen Schalter führen, um sicher zu gehen, dass bei einem Leck der Schläuche nicht der ganze Innenraum des Wagens geflutet wird.

Außendusche

Um den Komfort einer Außendusche genießen zu können, müssen Sie einfach eine Tauchpumpe und einen handelsüblichen Duschkopf mit einem Schlauch verbinden, die Pumpe in den mitgeführten 20-Liter-Wasserkanister legen und das Anschlusskabel bis zum Zigarettenanzünder führen. Schon ist die Dusche betriebsbereit.

Zum Erreichen eines gleichmäßigen Wasserflusses ist es erforderlich, einen **Druckspeicher** (Akkumulatorentank) zwischenzuschalten. Damit wird verhindert, dass die Membranpumpe sich bei Gebrauch ständig an- und abschaltet. Dies gilt vor allem, wenn ein Wasserfilter im Gebrauch ist. Dann sitzt der Druckspeicher zwischen Pumpe und Filterelement.

Achten Sie bei Druckanlagen vor allem auch darauf, dass die verwendeten **Schläuche** dem Druck standhalten und dass sie als lebensmittelecht eingestuft sind.

Beabsichtigen Sie, **im Innenbereich eine Dusche** zu integrieren, dann müssen Sie dafür sorgen, dass bei der Kabine eine gute Belüftung nach außen und eine gute Abdichtung nach innen gewährleistet ist. Ansonsten wird Ihr Mobil innerhalb kürzester Zeit anfangen zu modern. Optimal geeignet zum Einbau einer Duschkabine sind GFK-Platten, wie sie von Reisemobilbauern als Plattenmaterial für Fahrzeugaufbauten verwendet werden.

Ist die Dusche erst einmal da, so wird auch gleich der Ruf nach warmem Wasser laut. Hierfür werden im Handel einige **Warmwasserbereiter** mit Gas angeboten, wie etwa der 10 Liter-Boiler von Truma, der Wasser in 30 Minuten von 15 °C auf ca. 70 °C aufheizt und dafür etwa 50 g Gas benötigt

Trinkwasseraufbereitung

Hygienisch einwandfreies Trinkwasser ist eine unabdingbare Voraussetzung, um auf Reisen gesund zu bleiben. Während man sich vor den meisten Tropenkrankheiten durch Impfung oder entsprechende Vorsorge schützt, gehen viele Reisende mit Trinkwasser erfahrungsgemäß recht sorglos um. Dabei gibt es einige Möglichkeiten der Wasserdesinfektion: **Abkochen** oder die **chemische Behandlung** des Wassers sind dabei die bekanntesten. Das eine ist allerdings mühsam und mit viel Brennstoffbedarf verbunden, während das andere nicht selten einen schlechten Beigeschmack erzeugt und einige Mittel dabei auch noch wenig Wirksamkeit zeigen, sobald Schwebeteile im Wasser vorhanden sind.

Eine einfache und effektive Methode ist dagegen das **Filtern** des Trinkwassers durch eine porenfeine Keramikkerze. Im Handel werden dafür in vielen Ausführungen Handpumpanlagen angeboten. Diese Systeme funktionieren sehr gut, auch wenn diese Art der Wasserentkeimung – ebenso wie bei Siphonfiltern – auf Dauer ein recht mühsames Unterfangen ist.

Die komfortablere Variante besteht darin, das Wasser direkt bei Gebrauch mit einem **Druckwasserfilter** zu filtern. Wie der Name schon sagt, wird dabei das Wasser mit Druck – erzeugt durch die Membranpumpe – durch die Filterkerze gepresst. Abhängig vom Pumpendruck und dem Filterwiderstand ist eine Flussrate von bis zu 3 l/Minute zu realisieren. Es ist nicht nötig, für die Filteranlage eine eigene Pumpe zu montieren. Zum Duschen oder für das Handwaschbecken wird das Wasser einfach vor dem Filterelement abgezweigt.

Kocher

Zwangsläufig stellt sich auch die Frage nach einer Kochgelegenheit. Sind Sie mit Motorrad oder Pkw unterwegs und haben nur wenig Platz zur Verfügung, dann sind kleine mit Gas, Benzin oder Spiritus betriebene Ein- oder Zweiflammenkocher angesagt.

Da sowohl Gaskartuschen als auch Spiritus im Ausland schwer nachzukaufen sind, bieten sich **Benzinkocher** an. Optimal sind Kocher, die wahlweise mit bleifreiem **Benzin oder Petroleum** betrieben werden können. Erfahrungsgemäß ist in den Ländern, die nicht mit bleifreiem Sprit versorgt sind, Petroleum problemlos zu bekommen, weil auch die einheimischen Kochstellen meist damit betrieben werden.

Wer mit einem Wohnmobil unterwegs ist, wird sich wahrscheinlich für eine **fest installierte Kochstelle** entscheiden und zwangsläufig auf Flüssiggas zurückgreifen. Beachten Sie zur eigenen Sicherheit aber unbedingt die bestehenden Vorschriften und setzen Sie die Gasflasche in einen geschlossenen Gaskasten mit Bodenentlüftung. Nur dann ist der Betrieb unproblematisch und gefahrlos. Falls Sie

◄ Essen im Freien ist immer ein besonderes Erlebnis.

Länder besuchen wollen, in denen die Temperatur auch mal um den Gefrierpunkt liegt, dann verwenden Sie auf jeden Fall **Propangas. Butan** vergast bei niedrigeren Temperaturen nicht mehr, so dass auch keine Entnahme mehr möglich ist. Propangas ist dagegen bis −40 °C zu benutzen.

Füllen Sie in eine nur für Butan zugelassene Gasflasche niemals Propan ein, da der Flaschendruck bei Propan viel höher ist (etwa sieben Mal höher bei 20 °C). Es besteht Lebensgefahr!

Kühlschrank/-box

Im mobilen Einsatz unterscheidet man zwischen Kühlgeräten, die mit Kompressor arbeiten und solchen, die nach dem Absorbersystem funktionieren. Die meisten Fernreisenden schwören auf den **Kompressor,** da dieses System selbst unter extremsten Bedingungen gute Kühlleistungen bringt. Nachteil dieser Geräte ist, dass der Kompressor nur elek-

Wohneinbauten

Kühlschrank oder Kühlbox?

Wird ein Kühlschrank geöffnet, strömt sofort sehr viel gekühlte Luft nach unten weg und wird durch Warmluft ersetzt. Bei jedem Öffnen steigt also die Innentemperatur an und das Gerät muss sich sehr oft einschalten. Wesentlich wirtschaftlicher arbeitet dagegen eine Kühlbox, da beim Öffnen des Deckels nur sehr wenig warme Luft eindringt. Übersichtlicher und bequemer sind natürlich Kühlschränke, aber besonders auf schlechten Wegstrecken ist der Inhalt einer Kühlbox weitaus sicherer verschachtelt.

trisch mit 12/24 V bzw. 230 V betrieben werden kann. Während der Fahrt ist das kein Problem. Sind aber längere Standzeiten eingeplant, sollten Sie sich Gedanken über eine **Solaranlage** machen. Richtig dimensioniert, kann diese die Standzeit erheblich verlängern bzw. sogar einen völlig autarken Betrieb des Kühlgerätes ermöglichen.

Das ist bei **Absorbergeräten** nicht möglich. Der Stromverbrauch liegt trotz weitaus schlechteren Kühlleistungen erheblich höher als bei den Kühlgeräten mit Kompressor. Ohne Stromunterstützung des Motors können diese Kühlgeräte nicht über einen akzeptablen Zeitraum auf 12 V laufen. Der große Vorteil des Absorbers liegt aber darin, dass er auch mit Gas betrieben werden kann. Ist die Gasversorgung gesichert, für eine gute Belüftung gesorgt und bewegen sich die Außentemperaturen nicht in Extrembereichen, dann kann auch ein Absorber zufriedenstellende Kühlleistungen erreichen.

Ist das Kühlaggregat **starken Erschütterungen oder Schräglagen** ausgesetzt, sind allerdings Kompressorgeräte wieder ganz klar im Vorteil. Es gibt

Kompressorgeräte in vielen Größen und Ausführungen: als Box oder Kühlschrank von 10 Liter- bis über 100 Liter Fassungsvermögen, mit Kältespeicher und zur Platz- und Geräuschminimierung sogar mit abnehmbarem Kompressor.

Kältespeichersysteme von Kompressorgeräten funktionieren ähnlich wie die bekannten Kälteakkus in Kühltaschen. Der **Speicher** wird beim Betreiben des Kühlaggregates automatisch aufgeladen und kann, je nach Ausführung, manuell zugeschaltet werden oder aber er tritt von selbst in Kraft, wenn das Aggregat abgeschaltet ist und die Innentemperatur ansteigt. In der Praxis bedeutet das, dass Sie abends den Kühlschrank abschalten können, der Speicher aber trotzdem die Innentemperatur konstant hält. Wie lange über den Speicher gekühlt werden kann, hängt natürlich auch von der Umgebungstemperatur ab und auch davon, wie oft der Schrank oder die Box geöffnet wird. Ist der Kältespeicher erschöpft, schaltet sich automatisch wieder der Kompressor ein.

Elektrische Anlage

Wenn Sie Ihr Fahrzeug selbst ausbauen oder für eine größere Reise aufrüsten wollen, werden Sie sich irgendwann zwangsläufig auch mit der Elektrik auseinander setzen müssen. Dabei gibt es einige grundsätzliche Dinge zu beachten, die im späteren Betrieb die Ausfälle minimieren und die Fehlersuche einfacher machen. Die grundlegenden Punkte sind:

- Beachten Sie die Kabelquerschnitte!
- Sichern Sie alle Stromkreise ab!
- Arbeiten Sie mit verschiedenen Kabelfarben!
- Skizzieren Sie den Schaltplan!

Wohneinbauten

Bordbatterie

Um bei Standzeiten den benötigten Strom nicht aus der Starterbatterie holen zu müssen und diese damit unnötig zu belasten, ist der Einbau einer **Zweitbatterie** sinnvoll. Diese Bordbatterie sollte so geschaltet sein, dass sie während der Fahrt über den Fahrzeuggenerator mit geladen wird, bei abgestelltem Motor aber beide Batterien automatisch wieder voneinander getrennt sind. Diese Aufgabe übernimmt ein **Trennrelais** oder ein **Dioden- bzw. Ladestromverteiler.** Die angeschlossenen Verbraucher werden dann während der Standzeiten solange von der Bordbatterie mit Strom versorgt, bis ein nachgeschalteter Unterspannungsschutz eine leere Batterie erkennt und die Verbraucher abtrennt.

Größere Kapazität

Um die Standzeit weiter zu verlängern, können mehrere Batterien parallel geschaltet werden. Wichtig ist dabei, dass die Ladekapazität (Ah), die Bauart (keine Gel- zur Nassbatterie) und das Alter gleich sind.

Als Bordbatterie sollte grundsätzlich eine als **zyklenfest ausgewiesene Batterie** eingesetzt werden. Dies ist umso wichtiger, je stärker die Bordbatterie zyklisch belastet wird. Eine als Starterbatterie konzipierte Batterie eignet sich übrigens nur bedingt zur Bordversorgung, da sie durch ihren Plattenaufbau sehr schnell an Speicherkapazität verliert. Zyklenfeste Batterien arbeiten mit Flüssigsäure oder Gel.

Wer keine allzu großen Platz- oder Gewichtsprobleme hat, sollte eine nicht zu kleine Batterie auswählen. Je größer die **Kapazität** (in Amperestunden, Ah), umso länger kann Strom entnommen werden. Auch die Lebensdauer der Batterie steigt mit der zur Verfügung stehenden Kapazität an, da die Entladetiefe geringer ist als bei einer kleineren Batterie.

Batteriecomputer

An den schönsten Plätzen dieser Welt steht für Reisende in den wenigsten Fällen ein Stromanschluss zur Verfügung. Um an diesen paradiesischen Orten wenigstens einen Kompressorkühlschrank mehrere Tage lang betreiben zu können und Licht oder Wasserpumpe am Leben zu erhalten, könnte man die Nutzung einer Solaranlage erwägen. Dabei bleibt aber immer eine Unsicherheit: der tatsächliche Füllstand der Bordbatterie. Von ihm ist abhängig, ob man noch einige Tage unbeschwert über Strom verfügt oder ob alsbald eine Kerze angezündet werden muss.

Oft werden normale **Voltmeter** als Füllstandsanzeige verkauft. Die angezeigte Spannung kann aber höchstens als Anhaltspunkt dienen.

Eine **genaue Ermittlung** ist nur dann möglich, wenn gleichzeitig der verbrauchte Strom ermittelt

▽ Kein Bordcomputer, doch vielleicht Holzfeuerung – Neuseelands TÜF drückt gern zwei Augen zu.

wird und mit dem Faktor Zeit, umgerechnet in Amperestunden, zur Anzeige gebracht wird. Geräte, die auf diese Art den tatsächlichen Füllstand ermitteln, sind mit 150 bis 300 € leider nicht ganz billig, aber die einzige Möglichkeit, um zuverlässig zu wissen, was noch an Strom zur Verfügung steht.

Innenbeleuchtung

Seit einiger Zeit sind auch für den Einsatz bei 12/24 V **Kompakt-Leuchtstofflampen** erhältlich. Diese auch als Energiesparleuchten bekannten Lampen verbrauchen, verglichen mit normalen 12-V-Glühlampen, nur einen Bruchteil des Stroms und geben darüber hinaus auch ein angenehmeres Licht ab als herkömmliche Transistorleuchten. Energiesparleuchten sind zwar erheblich teurer, es wäre aber unsinnig, in eine größere, schwerere und teurere Batterie zu investieren, nur weil stromfressende Leuchten die Kapazität belasten.

Funkentstörung

Achten Sie beim Leuchtenkauf darauf, dass die Elektronik funkentstört ist. Ansonsten ist es nicht möglich, in nächster Nähe über Kurzwelle zu empfangen oder andere empfindliche Empfangsgeräte ohne Störung zu betreiben.

Als Leseleuchten eignen sich am besten kleine **Halogenspots:** mit 5 W bestückt, geben diese einen ganz guten Punktstrahler ab.

230 Volt an Bord

Reisemobile und Caravans sind serienmäßig mit Außensteckdosen ausgestattet, über die Wechselstrom zum Betrieb von normalen Haushaltsgeräten im Fahrzeug eingespeist werden kann. Für Fernreisende bringt ein solcher Wechselstromanschluss allerdings wenig Nutzen, denn unterwegs werden die **Anschlüsse** der einzelnen Länder in den wenigsten Fällen passen. Zunächst einmal ist das Problem mithilfe von Adaptern oder durch Einbau der im Land verwendeten Dosen vielleicht noch zu lösen.

Spätestens in Ländern, die nur **115 Volt** ins Netz speisen, gerät man jedoch wieder in Schwierigkeiten, es sei denn, man verfügt über Geräte, bei denen sich die Spannung umstellen lässt. Sinnvoll erscheint daher der Einsatz eines so genannten **Wechselrichters.** Dieser erzeugt aus der 12/24 V Gleichspannung der Batterie einen 230 V Wechselstrom. Der Stromverbrauch dieser Geräte ist allerdings sehr hoch, was den Betrieb von größeren Verbrauchern wie Fön, Kaffeemaschine oder Mikrowelle nur über einen kurzen Zeitraum möglich macht.

Eine Überlegung wert und auch für längeren Betrieb nutzbar, ist hingegen der Einsatz eines **kleinen Wechselrichters** mit etwa 200 Watt Ausgangsleistung. Dieser eignet sich für Rasierapparat, Mixer, Video- oder TV-Empfangsgeräte ebenso wie zum Wiederaufladen von Video- oder Handyakkus.

Solartechnik

Solaranlagen haben sich in den letzten Jahren im mobilen Einsatz immer mehr durchgesetzt. Der Strom aus der Sonne ist zwar nicht der billigste, aber die Frage nach dem Preis stellt sich sowieso nur dort, wo eine Alternative, sprich ein Stromanschluss zu finden ist. Eine vernünftig dimensionierte Solaranlage, bei der die Verbraucher auf geringen Stromverbrauch ausgelegt sind, verlängert die Standzeit ganz erheblich bzw. lässt bei guten Wetterverhältnissen sogar einen völlig autarken Betrieb zu. Die Größe und somit der Preis einer Anlage werden durch verschiedene Faktoren bestimmt:
● Dauer der Standzeit,
● der Stromverbrauch,
● die Wetterverhältnisse.

Wohneinbauten

Die **Größe der Solaranlage** hängt also von vielen verschiedenen Faktoren ab. Erfahrungsgemäß ist eine 75-Watt-Anlage ausreichend für Licht, Wasserpumpe und Gebläse (Truma-Heizung). Wenn ein Kompressorkühlschrank an Bord ist, sollten es aber schon 150 Watt sein.

Solarzellen bringen die höchste **Leistung** bei direkter Sonneneinstrahlung. Das bedeutet: Wer in Regionen mit sehr hoher Sonnenscheindauer unterwegs ist, wird auch viel Strom erzeugen können. Ein autarker Betrieb ist dann natürlich eher möglich als bei vielen aufeinander folgenden Regentagen.

Eine entscheidende Größe ist natürlich auch der **Stromverbrauch.** Dieser sollte so gering wie möglich gehalten werden. Es macht wenig Sinn, an Energiesparleuchten zu sparen, um im Gegenzug viel mehr Geld in eine größere Solaranlage zu investieren. Als Kühlgeräte können nur Kühlschränke oder Kühlboxen in Kompressorausführung eingesetzt werden, da Absorbergeräte (Electrolux) zuviel Strom verbrauchen. Klimaanlagen sind, abgesehen von einfachen Verdunstersystemen, ebenfalls große Stromfresser. Eine Kompressor-Klimaanlage ohne Landanschluss oder Generator kann daher nicht über eine akzeptable Zeit mit Solarstrom am Laufen gehalten werden, auch wenn dies oft behauptet wird. Selbst kleine und somit leistungsschwache 12-Volt-Anlagen ziehen bei mäßiger Kühlleistung noch zuviel Strom (mindestens 25 A) aus der Batterie.

Der **Aufbau einer Solaranlage** ist sehr einfach. Das Solarmodul wird auf dem Dach befestigt und gibt dann über eine Regelung den erzeugten Strom an die bereits vorhandene Bordbatterie weiter. Die Regelung sorgt dafür, dass die Batterie nicht überla-

Kühlschränke mit Sonnenstrom?
Systeme mit Peltier- oder Absorbertechnik sind für den Solarbetrieb absolut ungeeignet. Abgesehen vom hohen Stromverbrauch haben diese Kühlgeräte im 12-Volt-Betrieb auch einen erheblich schlechteren Wirkungsgrad als Kompressorgeräte.

den wird bzw. schaltet das Modul wieder zu, wenn Strom gebraucht wird.

Wichtig ist, den **Solarstrom speichern** zu können, wenn die Wetterverhältnisse gut sind und die Anlage viel Strom bringt. Deshalb sollte die Bordbatterie nicht zu klein gewählt werden. Etwa 100 Ah bei 75 Watt Solarleistung und ungefähr das Doppelte bei 150 Watt haben sich bewährt.

Stromgeneratoren

Die Alternative zur Solaranlage ist der Stromgenerator. Vorteil des Generators ist, dass immer dann Strom zur Verfügung steht, wenn er auch benötigt wird. Dabei kann sowohl Wechselstrom mit 230 V als auch Gleichstrom zum Laden der Bordbatterie produziert werden. Die **Nachteile** sind hinlänglich bekannt: Er macht Krach, stinkt, verbraucht Sprit und muss in regelmäßigen Abständen gewartet werden.

Nachteilig ist auch der Aufwand bei den **nicht fest eingebauten Generatoren,** die nicht einfach auf Knopfdruck gestartet werden können. Auf Dauer wuchtet niemand eben mal schnell den Generator ins Freie, nur um mal kurz ein Haushaltsgerät zu betreiben. Auch das Nachladen der Batterie/n ist ein zeitraubendes Unterfangen, da der 12-Volt-Ladeausgang selten mit hohem Strom arbeitet.

Bündelt man alle Argumente, spricht viel mehr für eine Solaranlage als für einen Stromgenerator. In Kombination mit einem 230-Volt-Wechselrichter kann auch Wechselstrom an Bord bereitgestellt werden, da erfahrungsgemäß die Verbraucher nur über einen kurzen Zeitraum benutzt werden.

Wohneinbauten

Tipps für unterwegs

Gekonnt improvisieren

Haben Sie das heimische Gebiet hinter sich gelassen, werden Sie sehr schnell feststellen, dass Ihr Organisationstalent jetzt noch mehr gefragt ist als bei den Vorbereitungen. Vieles lässt sich nicht planen oder im Vorfeld bereits klären. Aber bleiben Sie zuversichtlich: Egal ob Sie irgendwo und irgendwann ein dringendes Ersatzteil benötigen oder an der vorhandenen Gasflasche kein Füllanschluss passt – Lösungen werden sich immer auftun. Erfahrungsgemäß wird die Kunst des Problemlösens in scheinbar unterentwickelten Gebieten oft besser beherrscht als in unseren hochtechnisierten Industrienationen.

Vielerorts werden Probleme tagtäglich durch Improvisationstalent gelöst, mit Hilfe von Techniken, die bei uns keiner mehr kennt und die undenkbar wären, weil einfach der Zeitaufwand und somit die Kosten bei uns nicht im Verhältnis zum Ergebnis ständen. Der **Begriff „Improvisation"** ist in unserer Gesellschaft zu Unrecht negativ belastet, weil er den Eindruck erweckt, dass das Ergebnis nicht allzu lange durchhält. Weise Menschen haben aber auch den Satz geprägt: „Nichts ist so dauerhaft wie das Provisorium", der nicht selten mit den eigenen Erfahrungen übereinstimmt. Dies soll aber nicht heißen, dass jedes technische Problem überall behoben werden kann und man deshalb die Reisevorbereitung weniger genau nehmen sollte.

Kraftstoffqualität

In einigen Ländern weichen **Dieselkraftstoffe** von den geforderten Qualitätsmerkmalen der Motorenhersteller dahingehend ab, als dass sowohl der Schwefelgehalt als auch die Dichte des Kraftstoffes zu hoch liegen. Diese Abweichungen führen in der Regel aber weder zu einem merklichen Leistungsabfall noch längerfristig zum Motorschaden, vorausgesetzt, das Motorenöl, das die Begleiterscheinungen der schlechteren Kraftstoffqualität aufnimmt, wird früher als vom Fahrzeughersteller angegeben gewechselt.

Bei Benzinkraftstoffen, die in einigen Ländern eine **zu geringe Oktanzahl** aufweisen, kann es dagegen zu Störungen im Verbrennungsverlauf und dadurch längerfristig zu Schäden am Motor kommen, bedingt durch die verminderte Klopffestigkeit des Kraftstoffs. Eine zu geringe Oktanzahl macht sich meist dadurch bemerkbar, dass beim Herausbeschleunigen aus einem unteren Drehzahlbereich ein hohes Klingeln zu hören ist. Um den Motor dann wenigstens etwas zu entlasten, sollten Sie auf Vollgasfahrten, untertouriges Fahren sowie auf schnelle Beschleunigungen verzichten.

▽ Wenn der Strom ausfällt, wird eben gekurbelt

Tipps für unterwegs

032fr Abb. bb

Gasversorgung

Der Transport von Propangas erfolgt entweder in Gastanks oder in den bei uns üblichen grauen **Tauschflaschen,** die es in 5-kg- oder 11-kg-Ausführung gibt. Das Problem bei den Propangasflaschen ist, dass man im Ausland nicht, wie zu Hause, volle gegen leere Flaschen tauschen kann.

Auch ein **Nachfüllen** ist nicht ohne weiteres möglich, selbst wenn Sie eine Füllstation gefunden haben und einen geeigneten Adapter besitzen. Die grauen Tauschflaschen verfügen nicht – wie fast alle anderen weltweit hergestellten Flaschen – über ein Entlüftungsventil. Dieses würde das Befüllen sehr vereinfachen, weil der Pumpendruck zum Befüllen nicht so hoch sein muss. An diesem Druck scheitert meistens auch das Nachfüllen, da die Pumpen der Füllstationen zu schwach ausgelegt sind. Es gibt zwar Tricks, um dieses Problem zu lösen, aber das Umfüllen von Gas mit überhängender Flasche ist gefährlich und sehr zeitaufwändig. Außerdem besteht immer das Risiko einer Überfüllung.

Selbsttankflasche

Eine wenig bekannte Alternative ist der Einbau einer so genannten Selbsttankflasche. Diese in Deutschland von der Firma GUG in Ahaus vertriebene 11-kg-Gasflasche verfügt über einen Standard-Füllanschluss, der auch bei Gastanks üblich ist. Diese Flasche ist dann weltweit genauso einfach zu befüllen wie ein handelsüblicher Gastank. Die Gewinde sind genormt und deshalb können Tanks oder Flaschen mit diesem Füllanschluss bei vielen Tankstellen, aber in jedem Fall von jeder Füllstation befüllt werden.

Unbedingt mitführen sollten Sie eine Federwaage, um nachprüfen zu können, ob eine unterwegs nachgefüllte Gasflasche eventuell überfüllt wurde. Wiegen Sie am besten schon zu Hause eine vollgefüllte Flasche und notieren Sie sich das ermittelte Gewicht. Wiegen Sie auf jeden Fall immer nach, egal ob die Flasche durch eine Gasstation oder selbst gefüllt wurde. Im Zweifelsfall immer Gas ablassen. Es besteht Lebensgefahr!!!

Einfacher und sicherer ist es, eine **Gasflasche mit Regelung** (Ausgangsdruck beachten!) **vor Ort zu erwerben** und die Anlage dann einmalig umzubauen. Die Kosten für Flasche und Regelung halten sich in Grenzen und stehen in keinem Verhältnis zu irgendwelchen abenteuerlichen Umfüllaktionen.

Weltweites Servicenetz?

Fahrzeughersteller erwecken oft den Eindruck, dass es problemlos möglich ist, überall auf der Welt Ersatzteile und Garantieleistungen zu erhalten. Leider ist es bei näherer Betrachtung so, dass die Hersteller außerhalb Europas lediglich die **Anschriften der Importeure** kennen, auf die verwiesen wird. Doch selbst wenn Sie durch den Hauptimporteur des betreffenden Landes eine Händlerliste erhalten sollten, heißt das noch lange nicht, dass dieser auch über Ersatzteile für Ihr Fahrzeug verfügt.

Generell sind Ersatzteile nur für Modelle zu bekommen, die auch im Land angeboten werden oder wurden. Probleme gibt es dabei erfahrungsgemäß vor allem wegen der verschiedenen **Motorvarianten,** die sich jeweils entsprechend der Abgasbestimmungen des einzelnen Landes unterscheiden. **Fahrgestell und Aufbauteile** sind dagegen meist identisch. Ist also Ihr Motor im Land unbekannt, dann wird Ihnen der Händler vor Ort kaum weiterhelfen können, da er weder über Ersatzteillisten verfügt noch beim Hauptimporteur Teile auf die Schnelle abrufen kann.

Noch schwieriger wird es, wenn Sie im außereuropäischen Ausland eventuelle **Garantieansprüche** geltend machen wollen. Da Ihr Anspruch nämlich erst vom Hauptwerk überprüft wird, muss der Händler unter Umständen monatelang – oder, wie uns manche Werkstätten versicherten, jahrelang – auf sein Geld warten. Sollte Ihr Garantieanspruch abgelehnt werden, sieht er im schlimmsten Fall gar kein Geld. Es ist also verständlich, wenn er versucht, Sie abzuwimmeln oder nur gegen bar zu arbeiten.

Ersatzteilbeschaffung

Auch bei einer gut durchdachten Ausstattung mit Ersatzteilen und trotz der Improvisationskunst der Techniker vor Ort kann es dazu kommen, dass einmal ein dringend benötigtes Teil schnellstmöglich eingeflogen werden muss. Handelt es sich um kleinere Teile, dann können Sie einfach Bekannte in Deutschland beauftragen, ein **Paket per Luftpost** postlagernd (poste restante) ans nächstliegende Hauptpostamt (GPO, CPO) zu schicken.

Lufthansa Kundendienst

Montags bis freitags 8.00-18.00 Uhr unter Tel. (069) 69 69 30 93. In dringenden Fällen kann man sich direkt an den Lufthansa Express-Service wenden. Dieser ist durchgehend von Sonntag 6.30 Uhr bis Samstag 23.00 Uhr erreichbar. Das Lufthansa Cargo Center befindet sich im Flughafen Frankfurt, Tor 25.

Bei großen, schweren und sperrigen Teilen oder wenn es sehr schnell gehen soll, sind Sie aber auf die Hilfe des **Luftfracht-Services** angewiesen. Nicht nur verschiedene Fluglinien, sondern auch Paketdienste und größere Speditionen bieten einen solchen internationalen Frachtservice an.

Um auf diese Weise in den Genuss Ihres Ersatzteils zu kommen, beauftragen Sie wiederum eine/n Bekannte/n in der Heimat, das gute Stück direkt zur Frachtabteilung einer Fluglinie oder zu einer **Luftfahrtspedition** zu bringen. Eine Spedition zu beauftragen ist oftmals sogar billiger als die Teile selbst bei der Fluglinie abzugeben, da diese Unter-

ADAC-Ersatzteilversand

Als Besitzer eines Euro-Schutzbriefes des ADAC werden Ihnen innerhalb des Geltungsbereiches dringend benötigte Ersatzteile kostenfrei zugesandt. Natürlich gilt die Kostenübernahme nur für die Fracht und nicht, wie oft angenommen wird, für die Teile selbst. Darüber hinaus bietet der ADAC für seine Mitglieder auch einen weltweiten Ersatzteilversand, bei dem aber die Abwicklungs- und Frachtkosten voll übernommen werden müssen, falls man nicht im Besitz eines gültigen Euro-Schutzbriefes ist. Bei Besitzern des Schutzbriefes übernimmt der Club außerhalb des Geltungsbereiches einen Pauschalbetrag und wickelt den innerhalb Deutschlands anfallenden Papierkram kostenfrei ab. Zuständig im Notfall ist der ADAC München: Tel. (089) 22 22 22. Halten Sie im Bedarfsfall alle erforderlichen Daten, wie Mitgliedsnummer, Fahrzeugdaten (Fahrzeugschein), Kontaktadresse im Ausland, Bestimmungsort usw., bereit.

Tipps für unterwegs

nehmen mit den Fluglinien günstigere Frachtraten ausgehandelt haben. Zusätzlich haben Sie auch den Vorteil, dass die Spedition die Zollabfertigung und sonstigen Papierkram im Abflugland erledigt.

Am schnellsten geht es, wenn die Teile direkt **am Abflughafen angeliefert** werden, was sogar noch kurz vor dem Abflug über den Express-Service möglich ist. Zollformalitäten müssen dann aber vom Überbringer erledigt werden.

Abgerechnet wird entweder nach Gewicht oder Volumen. Lufthansa-Express kostet zusätzlich, ebenso Handling und Luftfrachtbrief.

Großaggregate, wie etwa komplette Motoren oder Getriebe können nicht sofort per Express befördert werden, weil diese Teile wegen der Flugsicherheit erst 24 Stunden in einer Unterdruckkammer aufbewahrt werden müssen.

100fr Abb._sb

Kommunikation

E-Mail- und Internet-Dienste werden selbst in abgelegenen nepalesischen Ortschaften angeboten.

Der Kontakt zur Heimat oder zu anderen Reisenden war noch vor einigen Jahren je nach Reiseland recht beschwerlich. Im Notfall musste über schlechte Telefonverbindungen Kontakt hergestellt oder in Postämtern stundenlang nach hinterlegten Briefen gefahndet werden.

Innerhalb kürzester Zeit hat sich hier eine Wandlung vollzogen. **E-Mail** hat sich als Kommunikationsmittel durchgesetzt und Internetcafés finden sich überall auf der Welt. Ob Freunde sich über eine Mail auf dem Computer ähnlich freuen wie über eine Postkarte mit einem netten Bild ist zu bezweifeln, aber zur schnellen und sicheren Überbringung und zum Empfangen von Nachrichten ist das Internet unschlagbar. Selbst wenn Sie sonst mit Computern nichts zu tun haben wollen, sollten Sie die Vorteile der modernen Kommunikationstechnologie nutzen.

Sollten Sie noch nicht über ein E-Mail-Konto verfügen, so richten Sie dies bereits vor der Reise ein, z. B. bei einem kostenlosen Anbieter wie web.de. Auf diesem Konto können Sie eingehende E-Mails, Faxe und Sprachnachrichten speichern und sie weltweit von jedem PC abrufen, der über Internet-Anschluss verfügt.

Verhalten bei Unfall

Falls Sie in einen Unfall verwickelt werden, kann es je nach Reiseland ganz entscheidend sein vorab zu wissen, was zu tun ist. In der Regel bleibt nur wenig Zeit, bis sich viele Menschen angesammelt haben. Wenn es noch möglich ist, sollten Sie versuchen, schnellstmöglich das Feld zu räumen und den Unfall beim nächsten Polizeiposten zu melden. Überlegen Sie auch nicht lange, wer die Schuld für den Vorfall trägt, da Sie in manchen Ländern als Ausländer und Autofahrer zunächst einmal immer der Schuldige sein werden.

Blechschäden werden auf dem Polizeirevier meist wortstark ausgefochten. Falls Sie jedoch eine landeseigene Versicherungspolice vorweisen können, wird man das Interesse an Ihnen recht schnell verlieren.

Bei Unfällen mit **Personenschaden** sieht es für Sie in vielen Teilen der Welt unangenehmer aus, vor allem, wenn Sie den Unfallort nicht mehr rechtzeitig verlassen können. Es ist sogar denkbar, dass diese Situation lebensbedrohlich werden kann! In einem solchen Fall ist es vielleicht sogar ratsam, bis zum Eintreffen der Polizei eine schwere Verletzung oder Ohnmacht vorzutäuschen, um so die Situation etwas zu entschärfen, bevor die Stimmung der Anwesenden umschlägt.

Literaturtipp:
Volker Heinrich, „Kommunikation von unterwegs". Der Praxis-Ratgeber zum einfachen Kommunizieren weltweit. ISBN 3-8317-1008-2. Reise Know-How Verlag

Tipps für unterwegs

Auf der Polizeistation sollten Sie auf keinen Fall irgendwelche Papiere unterschreiben, die Ihnen nicht vorher übersetzt wurden. Egal, was man Ihnen erzählt, in fast allen Fällen handelt es sich hier um ein Schuldeingeständnis und verbessert Ihre Position in keiner Weise.

 Versuchen Sie irgendwie einen Kontakt zur Botschaft aufzunehmen. Bei kleineren Unfällen kann dies schon ausreichen, um mit einem blauen Auge und dem Verlust von etwas Kleingeld davonzukommen. Bei größeren Problemen sind die Botschaftsmitarbeiter die kompetentesten Helfer.

Umgang mit Behörden

Auch in heimischen Amtsstuben geht es nicht immer im Eiltempo voran. Trotzdem ist – abgesehen von Wartezeiten – ein Besuch dort bei Weitem angenehmer als in vielen asiatischen, afrikanischen

▶ *Polizeikontrollen in den USA laufen nicht immer so locker ab*

oder südamerikanischen Büros. Denn entweder ist gerade niemand da, keiner zuständig, wegen Feiertag geschlossen oder es ist eine andere Dienststelle zuständig, bei der aber erst morgen wieder gearbeitet wird.

Grenzbeamte sind dabei häufig eine ganz besondere Spezies, die von der Wichtigkeit ihres Amtes sehr überzeugt zu sein scheinen. Sie sollten wissen, dass die Drohung, sich an höchster Stelle zu beschweren, leider eben so wenig nützt wie Herumschreien und Sich-Ärgern. Viel effektiver ist es dagegen, wenn man den Beamten signalisiert, viel Zeit mitgebracht zu haben, die man ihnen stehlen kann.

 Grundsätzlich ist davon abzuraten, die Prozedur mit kleinen Geldgeschenken zu beschleunigen, denn falls Sie dabei an den Falschen geraten, der sich dadurch in seinem Beamtenstolz gekränkt fühlt, erreichen Sie mit Sicherheit genau das Gegenteil. Ist Ihr Gegenüber darauf aus, etwas abzustauben, dann wird er es Sie offensichtlich wissen lassen, zumeist über einen Dritten, um nicht selbst in Schwierigkeiten zu geraten. Auch im Interesse nachfolgender Reisender, von denen natürlich dann ebenfalls eine milde Gabe an die meist schon gut verdienenden Beamten erwartet wird, sollten Sie möglichst versuchen, sich um die Zahlung zu drücken.

Geraten Sie innerhalb eines bestimmten Landes in **Straßenkontrollen** von Polizei, Militär oder Zoll, dann werden Sie mit der Zeit selbst herausfinden, wie Sie an dieser Hürde so schnell wie möglich vorbeikommen. Jeder Fernreisende hat hier seine spezielle Masche. Am bekanntesten ist der Tipp, die Beamten, bevor sie ihr Anliegen anbringen können,

Mit dem Chef verhandeln

Erfolgreicher als Bestechungsversuche war bisher die Methode, nach dem unfreiwilligen Stopp herauszufinden, wer der Chef der ganzen Truppe ist, was am Aufzug oder an den vielen Rangabzeichen meist ganz gut zu erkennen ist. Diesem widmen Sie Ihre volle Aufmerksamkeit. Er beherrscht meistens ein paar Brocken Englisch, die er bei Ihnen natürlich auch anbringen will. Nachdem Sie einige Worte mit ihm gewechselt haben und er mit seinen Kenntnissen nicht nur Ihnen, sondern auch seinen eigenen Leuten imponieren konnte, machen Sie ihm klar, dass sein Heimatland so groß und schön ist, dass sie jetzt unbedingt weiterfahren müssen. Wollen die Beamten Ihr Fahrzeug trotzdem genauer untersuchen, dann weisen Sie darauf hin, dass dies beim Grenzzollamt schon ausgiebig gemacht wurde. Versuchen Sie nur dem rangobersten Herrn (in Ihrer Anwesenheit) den Zutritt zu gewähren. Erscheint irgendwann ein Beamter, der sichtlich höherrangig ist, schenken Sie nun natürlich diesem Ihre volle Aufmerksamkeit. Denn für viele Staatsbedienstete scheint es nichts Schlimmeres zu geben als wenn der Vorgesetzte von Ihnen als Europäer nicht ausreichend zur Kenntnis genommen wird!

selbst zu fordern und nach der nächsten Tankstelle oder Stadt zu fragen, in der Hoffnung, sie damit von ihrem eigentlichen Konzept abbringen zu können. Damit lassen sich aber nach meiner Erfahrung nur diejenigen ablenken, die sowieso nur neugierig und an einem Plausch am Wegesrand interessiert sind. Die hartnäckigen und damit unangenehmeren Burschen wird man nicht so einfach los.

◀ *In Grenzgebieten sollte man besser keinen Standplatz für die Nacht aufschlagen. Nicht immer wird man freundlich aufgenommen.*

Tipps für unterwegs

Erschwerte Einsatzbedingungen

Erschwerter Einsatz

Einleitung

Selbst wer sich entschieden hat, ohne riskante Abenteuer an sein Reiseziel zu gelangen, wird irgendwann in Situationen kommen, die nicht im Voraus planbar sind. Ganze Streckenabschnitte können über Nacht überflutet werden oder ein Kälteeinbruch bewirkt, dass der Diesel am nächsten Morgen über Startschwierigkeiten klagt. Denn eines ist klar: Wer eine längere Reise unternimmt, wird auch mit klimatisch ungünstigeren Zeiten konfrontiert. Folglich werden dann die Wetter- und damit verbunden auch die Straßenverhältnisse höhere oder sogar extreme Ansprüche an das Fahrzeug stellen. Selbst wer nur in gemäßigten Landstrichen unterwegs ist und Asphaltstraßen nur selten verlässt, kann eine geringe Vorsorge nicht vermeiden. Denn oft sind gerade die gewünschten einsamen Strände oder abgelegenere Standplätze für die Nacht nur schwerlich erreichbar.

Fahrzeugausstattung

Geländefahrzeuge wurden, wie der Name schon sagt, ursprünglich entwickelt, um im Gelände unterwegs zu sein. Seit diese Fahrzeuge in den letzten Jahren aber den Durchbruch zum Statussymbol einer ganzen Generation geschafft haben, sind sie den neuen Ansprüchen angepasst worden: Sie wurden nicht nur optisch herausgeputzt, sondern auch tiefer gelegt und mit Alufelgen und breiten Reifen versehen. Eigenschaften, die im rauen Reiseeinsatz nicht viel zählen, sondern im Gegenteil einige Nachteile mit sich bringen. So ist z. B. zu wenig **Bodenfreiheit** – egal ob beim Geländewagen oder beim Wohnmobil – eines der größten Handicaps unterwegs.

Eine Erhöhung der Bodenfreiheit ist aber in vielen Fällen nicht ohne größeren Aufwand zu bewerkstelligen. Deshalb sollten wenigstens die gefährdeten Teile des Unterbodens geschützt werden, um nicht auf jeder Schlechtwegstrecke ein mulmiges Gefühl zu haben. Einige Hersteller bieten für Ihre Fahrzeuge einen **Unterfahrschutz** an. Damit werden meistens Motorteile wie Ölwanne, Lenkgetriebe und das Schaltgetriebe geschützt, um beim Auffahren auf ein Hindernis das Schlimmste zu verhindern. Allerdings sollten Sie auch bedenken, dass Schutzvorrichtungen, wenn sie stabil ausgeführt sind, oft ihrerseits die Bodenfreiheit stark beeinträchtigen.

Häufig wird auch ein **Rammschutz** für die Frontseite angebracht, vor allem deswegen, weil er schon zu Hause ein Gefühl von Freiheit und Abenteuer vermittelt. Der praktische Nutzen im Einsatz vor Ort ist meist weniger groß. Vor Ästen oder starkem Gestrüpp schützt er das Blechkleid sowie die Beleuchtung zwar ganz gut, richtet aber bei stärkerem Widerstand meistens größeren Schaden an. Da er am Rahmen bzw. an stabilen Punkten aufgehängt ist, überbrückt er die vordere Knautschzone und gibt die Aufprallenergie direkt an tragende Teile weiter. Damit vergrößert er den Schaden in einem weitaus kritischeren Bereich.

Steinschlagschutzgitter für die Frontscheibe und Beleuchtung wurde bereits im Kapitel „Beleuchtung" behandelt.

Zusätzlich ist zu empfehlen, den **Kühler vor Steinschlag zu schützen.** Hierfür besonders gut geeignet sind ein punktgeschweißtes Edelstahlgitter oder eine dünne Gaze, wie sie häufig angeboten werden. Gaze ist allerdings mehr zum Abhalten von Blättern oder Fliegen geeignet, denn bei etwas größeren Steinen ist das dünne Gitter nicht widerstandsfähig genug.

Erschwerter Einsatz

Bergehilfen

Ein festgefahrenes Fahrzeug ist keine Seltenheit. In den meisten Fällen lässt sich das Problem mit einem stabilen Klappspaten und einem Wagenheber beheben. Egal wohin die Reise geht, sollte aber auch ein **Bergegurt** obligatorischer Ausrüstungsgegenstand für jedes Fahrzeug sein. Die Gurte sind vielseitig einsetzbar und leicht zu verstauen. Bei Expeditionsausrüstern werden sie in verschiedenen Längen und Bruchlasten angeboten. Eine Gurtlänge von 9 m ist in der Regel ausreichend, um festgefahrene Fahrzeuge mit fremder Hilfe zu befreien. Die Bruchlast des Gurtes sollte aber mindestens doppelt so hoch wie das eigentliche Fahrzeuggewicht sein, um noch genügend Sicherheitsreserven zu haben.

Mobile Seilwinde

Fest am Fahrzeug montierte Seilwinden verleihen dem Fahrzeug zwar optisch Expeditionscharakter, haben aber nur einen begrenzten Aktionsradius. Denn die wenigsten frontseitig montierten Winden können nach hinten umgelenkt werden um das Fahrzeug nach hinten herauszuziehen. Mobile Winden sind universeller einsetzbar und bei vergleichbarer Zugkraft auch erheblich günstiger in der Anschaffung.

Wer auf Strecken unterwegs ist, die erwarten lassen, dass das Fahrzeug öfters in Schlammlöchern oder Sandkuhlen versinkt, sollte weitergehende **Hilfsgerätschaften anschaffen.** Während der Reise ständig auf fremde Hilfe angewiesen zu sein ist lästig und oft sogar über größere Distanzen aussichtslos, da auf solchen Routen nicht gerade mit hohem Verkehrsaufkommen zu rechnen ist. Für die Bergung in Eigenregie bieten sich Seilwinden und Anfahrhilfen in Form von Luftlandeblechen oder Schneeketten an.

Voraussetzung für den **Einsatz einer Winde** ist das Vorhandensein eines geeigneten Befestigungspunktes vor Ort und eines ausreichend langen Seiles. Sollte sich kein Befestigungspunkt finden, hilft ein Erdanker oder zur Not ein eingebuddeltes Ersatzrad – was aber auch nur bei entsprechendem Untergrund möglich ist.

Luftlandebleche (auch **Sandbleche** genannt) helfen Fahrzeugen auf sandigem Grund oder auf Schlammpisten anzufahren. Gelegentlich müssen Sandbleche defekte Brückenteile ersetzen, dienen als Unterlage bei Bachdurchfahrten oder als Auffahrtshilfe bei kleinen Fähren ohne geeignete Zufahrtsmöglichkeit am Ufer. Luftlandebleche sind bei Schrotthändlern oder Expeditionsausstattern zu bekommen. In der Alu-Ausführung wiegen die 3-m-Bleche etwa 15 kg, die Stahlbleche (nur bei schweren Lkw sinnvoll) über 30 kg.

Um ein bereits im Schlamm versunkenes Fahrzeug überhaupt auf die Sandbleche stellen zu können ist allerdings ein **Wagenheber** erforderlich, der einen großen Hub zurücklegen kann. Zur Not können Sie dies auch mit Ihrem normalen Wagenheber bewerkstelligen, wenn immer wieder etwas untergelegt wird, aber eine Dauerlösung ist dies natürlich nicht. Hilfreich ist dann ein so genannter Hi-Lift, der – je nach Ausführung – Fahrzeuge über 1 m hoch heben kann.

Erschwerter Einsatz

Wasserdurchfahrten

Das Durchfahren eines Flusslaufes oder Wasserloches sollte nicht unterschätzt werden, denn angefangen beim „nur" gefluteten Innenraum bis hin zum Motorschaden ist dabei alles möglich.

 Wichtig ist vor allem, die Wassertiefe zu Fuß auszukundschaften, bevor man mitsamt Fahrzeug ein- oder auch abtaucht.

Entscheidende Voraussetzung für das Durchfahren ist, dass sich der **Ansaugluftkanal** in ausreichender

Flussdurchfahrten sollten zuvor immer zu Fuß erkundet werden …

Höhe befindet. Ansonsten kann es zum gefürchteten „Wasserschlag" kommen, der einen kapitalen Motorschaden nach sich zieht. Liegt also der Ansaugluftkanal im Schwallwasserbereich oder sogar noch tiefer, können Sie nicht starten, ohne diesen mit einem Schlauch in ausreichende Höhe gelegt zu haben.

Kontrolliert werden sollte auch, ob die **Entlüftung von Getriebe oder Achsantrieb** unter Wasser gerät. Wenn ja, dann sollten Sie diese für die Durchfahrt verschließen.

Ein **Abkühlen des Motors** vor der Einfahrt ist nur bei luftgekühlten Motoren notwendig. Bei wassergekühlten Maschinen sind durch die schnelle Abkühlung höchstens Schäden durch Verziehen im Bereich Zylinderkopf denkbar, der normalerweise aber sehr weit oben liegt.

Bei hohem Wasserstand ist zusätzlich ein **Abdecken der Kühlerfrontpartie** zu überlegen, damit nicht durch eine eventuell entstehende Bugwelle größere Wassermengen in den Motorraum eindringen können.

019f: Abb : bb

◄ ... auch wenn einem diese Schritte manchmal nicht leicht fallen.

Fahren Sie langsam ein, um ein Aufschwimmen zu vermeiden und um zu verhindern, dass eine Fontäne die Sicht nimmt. Danach muss die Fahrt aber zügig fortgesetzt werden.

Vermeiden Sie Schaltvorgänge: Sie müssen die Wasserstelle ohne Gangwechsel durchfahren. Ansonsten bleibt das Fahrzeug bedingt durch die Zugkraftunterbrechung im Wasserloch schlagartig stecken.

Extreme Temperaturen

Probleme bei Kälte

Dieselfahrzeuge starten bei extremer Kälte nicht nur beschwerlicher als Benziner, ihr Kraftstoff muss auch an die tiefen Temperaturen angepasst werden. Dies geschieht in unseren Breitengraden in den Wintermonaten durch das Zusetzen von so genannten **Fließverbesserern.** Befinden Sie sich mit

Erschwerter Einsatz

Diesel mischen

Falls Sie weder über eine Vorheizung verfügen noch Kälteschutzkonzentrat mitführen, kann der Dieselkraftstoff auch durch die Zugabe von Petroleum, das in vielen Ländern an Tankstellen angeboten wird, kältebeständig gemacht werden. Mit Normalbenzin (kein Super verwenden!) wird der gleiche Effekt erzielt. Bei einer Zumischung von über 30 % führt dies aber zu einem hohen Motorverschleiß.

Bei einer Zugabe von ca. 30 % liegt die Kältebeständigkeit bei etwa -15 °C. Wird Dieselkraftstoff getankt, der bereits durch Zusätze bis -15 °C winterfest gemacht ist, dann kann durch eine Zugabe von 30 % Benzin die Kältebeständigkeit auf -20 °C bis -25 °C herabgesetzt werden. Die Beimischung muss natürlich erfolgen, bevor die ersten Betriebsstörungen durch versulzten Diesel auftreten. Damit sich die Kraftstoffe optimal vermischen, wird zuerst das Benzin bzw. Petroleum und dann der Diesel getankt.

Ihrem Diesel im Ausland, dann gibt es eigentlich auch dort keine Schwierigkeiten, denn erfahrungsgemäß sind die Kraftstoffe den vorherrschenden klimatischen Bedingungen angepasst. Probleme können aber dann auftreten, wenn Sie in gemäßigten Gebieten tanken und dann Passhöhen befahren oder wenn der Reservekanister im Sommer befüllt und bei Minustemperaturen gebraucht wird. Abhilfe schafft entweder ein **Vorheizen des Kraftstoffs,** bevor er ins Filtergehäuse eintritt oder die Beimischung eines Kälteschutzkonzentrates.

Hat sich der **Kraftstofffilter zugesetzt** und Sie müssen Ihre Fahrt fortsetzen, dann können Sie diesen natürlich auch entfernen oder umgehen. Diese Maßnahme ist aber nur etwas für einen wirklichen Notfall, da durch ungefilterten Diesel schwere Schäden an der Einspritzanlage entstehen können.

Das **Anlassen** eines total ausgekühlten Motors ist ab einer Temperatur von -25 °C mit erheblichen Schwierigkeiten verbunden. Vor allem Dieselmotoren starten dann ohne äußere Wärmezufuhr nur sehr widerwillig. Autofahrer der nördlichen Regionen, wie etwa Kanada oder Schweden, bei denen diese Probleme an der Tagesordnung sind, rüsten ihre Fahrzeuge mit einer **Motorvorwärmung** aus, die den Motor auf Temperatur bringt oder über einen längeren Zeitraum die Temperatur hält. Damit die Vorwärmung, die wie ein Tauchsieder das Kühlwasser oder das Motorenöl und damit den ganzen Motorblock erwärmt, überhaupt arbeiten kann, muss aber ein Stromanschluss verfügbar sein.

 Batterien bei Kälte

Falls Sie Ihre Bordbatterie mit Verbrauchern belastet haben, dann sollte diese - gerade bei Kälte - immer umgehend wieder aufgeladen werden. Ein halbleerer Akku gefriert bei -30 °C, ein fast leerer schon bei -15 °C, wobei er fast immer schweren Schaden nimmt.

Für den mobilen Einsatz ist die einzige verlässliche Möglichkeit der Einbau einer **Standheizung,** die bei Bedarf das Kühlwasser und somit den Motorblock aufwärmt. Solche in den Kühlkreislauf integrierten Heizungen werden mit Bordspannung versorgt und verwenden als Brennstoff dann jeweils Benzin oder Dieselkraftstoff aus dem Haupttank. Um die Starterbatterie aber nicht noch zusätzlich mit dem Strom für die Heizung zu belasten, sollte die Standheizung nur über die Bordbatterie betrieben werden.

Eine überall gerne praktizierte (Not-)Lösung, um Motorenöl und Motorblock aufzuwärmen, ist das Unterstellen einer **Wärmequelle unter die Ölwanne.** Die beste Lösung ist hierbei ein Benzinkocher. Bedenklich und wirklich nur im Notfall anzuwenden ist dagegen ein offenes Feuer.

Haben Sie keine Vorbereitungen für extreme Kälte getroffen (wozu auch Kühlwasser-Frostschutz gehört), bleibt Ihnen nur noch die Variante, die von den Lkw-Fahrern der nördlichen Regionen praktiziert wird, wenn sie auf freier Strecke übernachten: Sie stellen den Motor einfach überhaupt nicht ab.

Erschwerter Einsatz

Probleme bei Hitze

Blasenbildung

Benzinfahrzeuge bereiten bei Minusgraden keine kraftstoffbedingten Probleme, dagegen können sehr **hohe Umgebungstemperaturen** zu Aussetzern führen. Durch Strahlungswärme im Motorraum entstehen auch oftmals Heißstartprobleme oder es kommt sogar während der Fahrt zu **Blasenbildung** in den Zuleitungen, im Vergaser oder in der Kraftstoffpumpe. Erfahrungsgemäß treten solche Schwierigkeiten aber nur bei Vergasermotoren auf, da Einspritzer mit höherem Systemdruck arbeiten. Abhilfe bei hitzegefährdeten Vergasermaschinen schaffen **Wärmeableitbleche** oder der Einbau einer **elektrischen Förderpumpe.**

Dampfblasenbildung verhindern

Im Notfall kann eine Dampfblasenbildung auch verhindert werden, indem feuchte Lappen um die Kraftstoffleitung oder den Vergaser gelegt werden.

Kühlwassertemperatur

Bei sehr hohen Außentemperaturen und sehr langsamer Fahrt kann die Kühlwassertemperatur so weit ansteigen, dass Schäden am Motor nicht auszuschließen sind. Einige wenige Hersteller bieten **spezielle Wasserpumpen** an, die für extreme Einsätze ausgelegt sind. Diese bringen aber den Nachteil mit sich, dass der Motor in gemäßigten Zonen erst sehr spät seine Betriebstemperatur erreicht.

Am einfachsten und effektivsten lässt sich das Problem lösen, wenn dem Kühler ein **elektrisches Zusatzgebläse** vorgesetzt wird. Wichtig ist dabei, es rechtzeitig zuzuschalten. Optimal wäre eine automatische Steuerung über einen Temperaturfühler, der im Kühlkreislauf sitzt und je nach Bedarf das Gebläse zu- oder abschaltet.

045r Abb. bb

Tropeneinsatz von Batterien

Batterien sind mit einem Gemisch aus Schwefelsäure und destilliertem Wasser gefüllt. Da das Wasser bei hohen Umgebungstemperaturen sehr schnell verdunstet, sind regelmäßige Kontrollen und ein **Nachfüllen mit destilliertem Wasser** besonders wichtig, damit der Säurestand nicht bis unter die Plattenoberkante absinkt.

Wer längere Zeit in tropischen Gebieten unterwegs ist, sollte die **Säuredichte,** die bei uns auf 1,28 kg/l eingestellt ist, auf 1,23 kg/l absenken. Dies wirkt der Gefahr einer Selbstentladung des Akkus entgegen, die bei hohen Temperaturen stark ansteigt. Bei der Rückkehr in gemäßigtere Zonen gehen Sie dann umgekehrt vor und erhöhen mit Schwefelsäure die Säuredichte auf den ursprünglichen Wert. Voraussetzung für diese Maßnahmen ist, dass es sich bei der Batterie nicht um eines der wartungsfreien Modelle handelt, die zur Wartungskontrolle nur mit Spezialwerkzeug oder überhaupt nicht geöffnet werden können.

▲ Auf alten Handelswegen, vorbei an Karawansereien und Palästen auf der Seidenstraße nach Indien

Erschwerter Einsatz

Fahrzeugtransport

Fahrzeugtransport

Transportarten

Flugtransport

Welche Möglichkeiten gibt es, um das Fahrzeug zum nächsten Bestimmungsort zu transportieren? Die angenehmste, aber auch mit Abstand **kostspieligste Variante** ist der Flugtransport. Bei einem Geländewagen ist der einfache Flug nach Australien mit etwa 10.000 € zu veranschlagen. Bei größeren Fahrzeugen steigt der Preis ins Unermessliche, weil dann mit speziellen Frachtmaschinen transportiert werden muss. Interessant dürfte der Flugtransport daher allenfalls für **Motorradreisende** sein, da sich hier die Kosten in vertretbarem Rahmen halten und man vom Flughafen aus sofort die Reise beginnen kann.

Für Reisende mit größeren Fahrzeugen bleibt also nur der Transport per Schiff.

Havariekosten des Frachters
Bei einer Havarie des Frachtschiffs werden die Kosten des entstandenen Schadens nicht von der Reederei getragen, sondern gehen auf die transportierte Ware über. Sie können also je nach Frachtanteil mit belangt werden. Im schlimmsten Fall kentert das Schiff im Hafenbereich und muss für viel Geld gehorgen werden. Versicherungen für diesen Fall werden angeboten, wobei sich die Versicherungsgebühr prozentual nach dem Wert der Fracht richtet.

Stückgutfrachter

Stückgutfrachter waren früher weit verbreitet, verlieren aber immer mehr an Bedeutung. Außerdem sind Stückgutfrachter sehr **unzuverlässig,** da oftmals tagelang auf Fracht gewartet wird, Umwege über außerplanmäßige Häfen genommen werden und sich dadurch die Ankunftszeit um Wochen verzögern kann.

Bei der Stückgutverladung wird das Fahrzeug meist per Kran in den Schiffsbauch oder auf das Schiff gehievt und steht dann im schlechtesten Fall irgendwo ungeschützt an Deck. Da das Schiffs- und Ladepersonal erfahrungsgemäß auch nicht gerade zimperlich mit der Fracht umgeht, ist diese Art der **Verladung sehr riskant. Außerdem** kommt hinzu, dass das Fahrzeug meist unverschlossen an Bord steht.

Roll-on/Roll-off-Verladung

Diese Transportart ist vielleicht schon von Mittelmeerfahrten bekannt. Bei diesem System kann das Schiff durch Ladeluken beladen werden, d. h. die Fahrzeuge werden einfach hineingefahren. Diese so genannten Ro/Ro-Schiffe verkehren auf einigen Strecken regelmäßig. Dabei ist der Transport weit **kostengünstiger** als bei einer reinen Containerverladung, weil hierbei die hohen Auf- und Abladegebühren entfallen und auch der Kubikmeterpreis je nach Ladeaufkommen oft geringer ist.

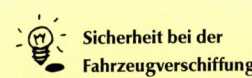

Sicherheit bei der Fahrzeugverschiffung

Beim Seetransport mit Ro/Ro- oder Stückgutfrachtern sollte der Fahrgastraum mit einer stabilen Tür vom Wohnraum abzutrennen sein. Auch sollten die hinteren Türschlösser nicht mit dem Fahrgastzellenschlüssel zu öffnen sein, da während der Verladung sowie der gesamten Zeit an Bord das Fahrzeug unverschlossen bleibt und somit das ganze Personal sich Zutritt verschaffen kann.

Großer Nachteil ist aber, dass es auf fast allen Strecken nicht gestattet ist, das eigene Fahrzeug selbst zu verladen, abzuschließen und nach der Ankunft im Zielhafen wieder vom Schiff zu holen. Während der Überfahrt bleiben die Fahrzeuge somit unverschlossen an Bord. Daher ist natürlich das **Diebstahlrisiko** für mitgeführte Ausrüstungsteile sehr hoch. Die einzelnen Frachtgesellschaften kennen dieses Problem und deshalb ist es bei den meisten Gesellschaften verboten, während der Überfahrt persönliche Gegenstände im Fahrzeug zu lassen. Praktisch bedeutet dies, dass das Auto nur komplett leergeräumt abgegeben werden kann. Lassen Sie trotzdem etwas im Innenraum, tragen Sie das Risiko, denn offiziell haben Sie das Fahrzeug leer abgegeben.

Fahrzeugtransport

▲ Die Schwersten müssen nach hinten, dann passt's

Containerverladung

Containerverladung ist die sicherste, schnellste und auf manchen Strecken auch einzige Möglichkeit zur Beförderung auf dem Seeweg. Containerschiffe fahren regelmäßig alle Punkte dieser Erde an und laufen auch einigermaßen pünktlich im Zielhafen ein.

Zusätzlich zu den reinen Transportkosten werden alle möglichen **Handlingsgebühren** sowohl im Abfertigungs- als auch im Ankunftshafen erhoben, was den Transport gegenüber der Ro/Ro-Verladung oft erheblich verteuert. Für die so genannte **Ausschiffung** fallen etwa zwischen 300 US$ und 600 US$ pro Strecke an.

Ein Problem – hauptsächlich beim Transport von Wohnmobilen – ist die **Einfahrtshöhe** des Containers. Die normalen Standardcontainer besitzen alle die gleiche Bauhöhe, egal wie lang sie ausfallen. Ausnahmen sind Sondercontainer wie Open Top,

Container-Normen

Einheitlich festgelegt sind die Außenmaße (ISO 668) und die Eckbeschläge
(ISO 1161) aller Container.

Normmaße	Länge		Breite		Höhe
Außen-	20'	40'	8'	8'	8'6"
maße	6058 mm	12.192 mm	2438 mm	2438 mm	2591 mm
Innenmaße	5867 mm	11998 mm	2330 mm	2197 mm	2350 mm
Standard-Cont.	19'3"	39'4³/₈"	7'7¾"	7'2½"	7'8½"
Türöffnung	-	-	2286 mm	2134 mm	2261 mm
Standard-Cont.	-	-	7'6"	7'	7'5"

Flat oder Platform, in denen auch Fahrzeuge transportiert werden können, die alle Normen sprengen.
Da **Sondercontainer** selten gebraucht werden, sind
sie häufig nicht vorrätig und müssen erst aus einem
anderen Hafen herbeigeschafft werden, was die
Wartezeit oft zusätzlich noch verlängert.

Standard-Container 20'/40'

Optimal ist die Verladung im 20-feet-Container,
dem kleinsten und billigsten Modell. Doppelt so
lang und auch doppelt so teuer ist dann der 40-feet-
Container. Die Außenmaße der verschiedenen
Container sind festgelegt (ISO 668) und differieren
kaum. Trotzdem sollten Sie die **Maße der Türöff-
nungen** bei verschiedenen Modellen vergleichen,
denn bei sowieso schon knappen Platzverhältnissen
kann 1 cm mehr oder weniger schon eine Menge
ausmachen.

Fahrzeugtransport

Um die **Fahrzeughöhe zu senken,** können Sie entweder die Luft aus den Reifen lassen und/oder mit Zurrgurten das Fahrzeug in die Federn ziehen. Obwohl der Container innen höher ist, sollten Sie die Reifen nicht wieder aufpumpen, denn der **Zoll** im Ankunftsland ist berechtigt, das Fahrzeug zur Inspektion unverzüglich zu entladen. Der Zoll hält sich nicht lange damit auf, den Luftdruck zum Entladen zu verringern. Um Schäden zu vermeiden, ist es daher unbedingt notwendig, das Fahrzeug entladebereit im Container zurückzulassen. Offiziell haben Sie keine Berechtigung, beim Inspizieren und Entladen Ihres Fahrzeugs durch den Zoll anwesend zu sein. Im Allgemeinen ist man hier aber kulant und der Zutritt wird selten verwehrt.

Flat 20'/40'
Hierbei können die seitlichen Stützen herausgenommen werden, die Stirnwände sind fest.

Maße:

20'	Bodenlänge	ca. 5900 mm
	Bodenbreite	ca. 2300 mm
40'	Bodenlänge	ca. 12.000 mm
	Bodenbreite	ca. 2300 mm

Platform 20'/40'

Der Platform-Container hat – wie der Name schon sagt – keine Stirnwände wie ein Flat und auch keine seitlichen Stützen. Bei großen Fahrzeugen können einfach mehrere Plattformen aneinandergereiht werden.

Maße:

20'	Bodenlänge	ca. 6050 mm
	Bodenbreite	ca. 2435 mm
40'	Bodenlänge	ca. 12.200 mm
	Bodenbreite	ca. 2435 mm

Open-Top-Container 20'/40'

Überhohe Fahrzeuge können im Open-Top-Container transportiert werden, der oben mit einer Plane geschlossen wird. Ebenso wie die Standardmodelle haben diese Container eine Einfahrtstür, deren oberer Türträger zum Beladen herausgeschwenkt werden kann. Kritischster Punkt ist dabei die obere Befestigung des Türträgers, da die meisten Fahrzeuge an dieser Stelle breiter als 1680 mm sind. Das Problem lässt sich lösen, indem die beiden Seitenwände mit Hilfe von Stahlseilen und zwei Gabelstaplern auseinandergezogen werden. Diese Art der Verladung ist aber meistens nur dann möglich, wenn Sie ein Trinkgeld anbieten.

Fahrzeugtransport

Dach- und Türöffnungen der Open-Top-Container 20'

Dachöffnungen	Länge	
	A	**B**
	Max. Länge	Zwischen den Eckblechen
	5703 mm	5083 mm
	18'8½''	16'8$^{1}/_{8}$''

Türöffnungen	Breite	
F	**G**	**H**
Max. Breite	Am oberen Türträger	Zwischen den Dachlängsträgern
2315 mm	1680 mm	2230 mm
7'7$^{1}/_{8}$''	5'6$^{1}/_{8}$''	7'3¾''

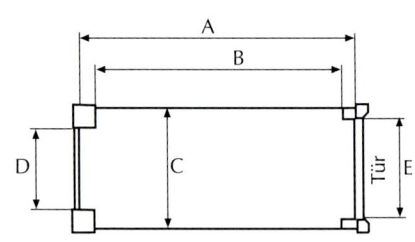

Dach- und Türöffnungen der Open-Top-Container 40'

Dachöffnungen	Länge	
	A	**B**
	Max. Länge	Zwischen den Eckblechen
	11.885 mm	11.622 mm
	38'11$^{7}/_{8}$''	38'1½''

Türöffnungen	Breite	
F	**G**	**H**
Max. Breite	Am oberen Türträger	Zwischen den Dachlängsträgern
2334 mm	1926 mm	2224 mm
7'7$^{7}/_{8}$''	6'3¾''	7'3½''

Breite		
C	**D**	**E**
Max. Breite	*Vorderseite zw.* *den Eckblechen*	*Türseite zw.* *den Eckblechen*
2230 mm	*1476 mm*	*1878 mm*
7' 3¾''	*4' 10¹/₈''*	*6' 1⁷/₈''*

Höhe	
I	**K**
Bis zum oberen *Türträger*	*Bis zumDach-* *längsträger*
2070 mm	*1820 mm*
6' 9½''	*5' 11⁵/₈''*

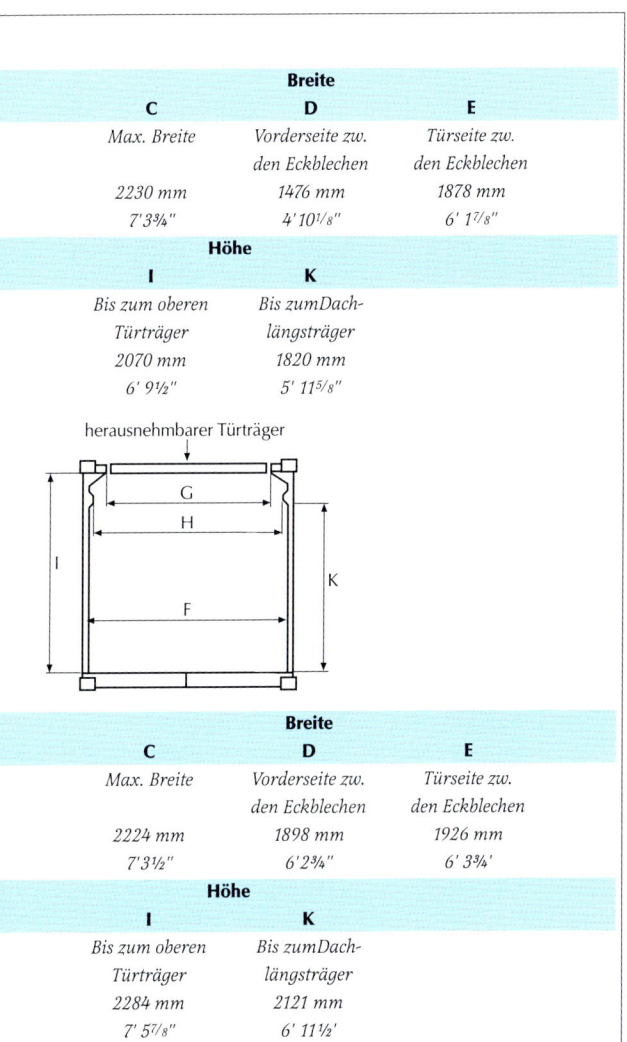

herausnehmbarer Türträger

Breite		
C	**D**	**E**
Max. Breite	*Vorderseite zw.* *den Eckblechen*	*Türseite zw.* *den Eckblechen*
2224 mm	*1898 mm*	*1926 mm*
7' 3½''	*6' 2¾''*	*6' 3¾'*

Höhe	
I	**K**
Bis zum oberen *Türträger*	*Bis zumDach-* *längsträger*
2284 mm	*2121 mm*
7' 5⁷/₈''	*6' 11½'*

Fahrzeugtransport

Fahrzeugverschiffung von Deutschland aus

Bevor Sie Ihr Fahrzeug per Seefracht befördern, sollten Sie **mehrere Angebote** von Speditionen einholen und die Kosten vergleichen. Bestehen Sie darauf, dass wirklich alle anfallenden Kosten, die noch zusätzlich zur Frachtrate erhoben werden, wie Koordinations- oder Dispositionszuschläge, Gestellungs- und Containerpackkosten usw., mit angegeben werden. Wenn Sie ein Kostenangebot „ab frei angeliefert Bremen/Hamburg bis frei Ankunft …" fordern, dann sind darin alle Kosten enthalten, vorausgesetzt, Sie liefern Ihr Fahrzeug selbst am Hafen an.

Die Höhe der Handlings- und sonstigen **Gebühren im Zielhafen** wird man Ihnen nicht nennen können, diese müssen aber auch immer vor Ort gezahlt werden. Bei Ro/Ro-Verschiffung fallen erfahrungsgemäß bis 200 US$, beim Container 300-600 US$ zusätzlich an.

Nicht jede **Frachtagentur** bedient alle Strecken. Selbst bei größeren Unternehmen sind die Aussagen über die verschiedenen Frachtmöglichkeiten widersprüchlich. Während manche Agenturen Open-Top-Container oder Ro/Ro-Verbindungen für eine bestimmte Strecke anbieten können, wird von anderen behauptet, dass dort keine entsprechenden Schiffe unterwegs sind.

Deutsche Verkehrszeitung

Wer sich vorab weitergehend über weltweite Schiffsverbindungen und Abfahrtszeiten von Hamburg, Bremen, Rotterdam, Kiel, Lübeck, Antwerpen und Amsterdam informieren möchte, kann versuchen bei einem Spediteur die Deutsche Verkehrs Zeitung zu bekommen oder diese zu abonnieren beim: DVZ-Verlag, Nordkanalstraße 36, 20097 Hamburg, Tel. (040) 2 37 14 01. Die DVZ erscheint dreimal wöchentlich. Interessant ist aber jeweils nur die Samstagsausgabe mit der Schiffsliste. Einmal im Monat ist auch eine Liste der Ro/Ro-Abfahrten von allen wichtigen europäischen Häfen abgedruckt.

Frachtpreise rund um die Welt

Eine genaue Preisangabe für die angepeilte Strecke kann im Rahmen dieses Buches nicht gemacht werden. Frachtpreise variieren je nach Dollarkurs, Frachtaufkommen und wirtschaftlicher bzw. politischer Situation erheblich. Sie sind auch nicht für den Laien logisch nachvollziehbar. So kann es durchaus sein, dass eine weit entferntere Verschickung in ein anderes Land zum gleichen Preis oder sogar günstiger zu haben ist als die eigentlich angepeilte kürzere Strecke. Bei Drucklegung dieses Buches betrugen die Frachtkosten für einen 20-ft-Container nach Südafrika etwa 2000 US$ bei einer Überfahrtdauer von ca. 3 Wochen. An die Westküste Nordamerikas verfrachtet man einen Container für 1500 $, muss aber auch 3-4 Wochen Fahrt einplanen. Nach Südamerika dauert es zwar nicht länger, aber nach Argentinien oder Venezuela sind etwa 2000 US$ fällig. Ebenfalls fast 4 Wochen muss man in Indien oder China auf sein Fahrzeug warten. Dafür sind die Frachtpreise mit 1400 US$ recht moderat. Nach Australien zu verschiffen dauert mit ca. 6 Wochen am längsten. Gemessen an der Fahrstrecke halten sich die Kosten von ca. 1500 US$ aber noch im Rahmen.

Fahrzeugtransport

Um Informationen oder Angebote einzuholen, können Sie sich zwar im Prinzip an jede Spedition wenden, aber nur wenige davon kennen sich mit Seefracht aus und kontaktieren daher selbst erst einmal ihre Niederlassungen in Bremen oder Hamburg. Um Zeit zu sparen macht es deshalb Sinn, sich gleich an eine spezialisierte Frachtagentur in Hamburg oder Bremen zu wenden.

Fahrzeugverschiffung im Ausland

Eine Verschiffung des Fahrzeugs von Ländern wie Deutschland, Nordamerika, Australien oder Neuseeland aus ist eigentlich kein größeres Problem. Man geht zu den Frachtagenturen, vergleicht diverse Angebote, checkt die Abfahrtstermine, informiert sich, wann geladen wird und dann geht alles seinen festgelegten Gang.

Etwas komplizierter wird die Verschiffung, wenn man aus Ländern verschiffen will, deren Bürokratie und Verwaltung von vornherein Schwierigkeiten erwarten lassen. Hat es sich herumgesprochen, dass Sie etwas zu verladen haben, tauchen nicht selten **selbsternannte Frachtagenten** auf, die sich als angebliche ehemalige Angestellte einer Spedition zu erkennen geben. Sie geben vor, die besten Kontakte zu haben und versprechen, alles erheblich billiger, schneller und unkomplizierter abzuwickeln als die Großen der Branche. Aus meiner Erfahrung soll-

▼ Verladung in Asien ist immer eine spannende Sache

te man um diese Leute einen größeren Bogen machen. Versprochen wird vieles, aber im Nachhinein stellt sich dann fast immer heraus, dass es sich nur um Vermittler handelt, die auf Provisionsbasis den großen Frachtagenturen zuarbeiten. Erfahrungsgemäß ist es noch kritischer, wenn diese Agenten die Sache wirklich selbst in die Hand nehmen und dem Kunden anbieten, einfach bei der Schifffahrtslinie die Fracht anzumelden. Gegen eine kleine Vergütung, so lautet ihr Arbeitsmotto, wird man gemeinsam auch noch den restlichen Papierkram und die Zollabwicklung schaffen. Sparen wird man bei einem solchen Unternehmen in den wenigsten Fällen. Oft sind zunächst unzählige Papiere im Bürokratendschungel zu besorgen, was die Prozedur endlos in die Länge ziehen kann, falls sie nicht komplett abgegeben werden. **Große Agenturen** dagegen haben die entsprechenden Papiere meist schon zur Hand und wissen auch genau, wie viel und an welcher Stelle etwas Geld hinterlegt werden muss, um zum gewünschten Erfolg zu kommen.

In der Regel ist für die **Transportabwicklung** vor Abfahrt des Schiffes ungefähr eine Woche einzuplanen: Etwa drei Tage gehen für die Abwicklung ins Land und zwei bis drei Tage vor Abfahrt wird normalerweise verladen.

Bill of Loading

Dieses bedeutsamste Transportdokument wird erst ausgestellt, wenn das Schiff abgelegt hat. Nur mit diesem Papier ist es problemlos möglich, den Container am Zielhafen in Empfang zu nehmen. Also sorgfältig damit umgehen!

Fahrzeugtransport

037fr Abb. bb

Checklisten

Kfz-Teile

Einführung

Bei der nachfolgenden Auflistung von Ersatzteilen und Werkzeugen handelt es sich um allgemein gehaltene Vorschläge, die weder genau einzuhalten, noch auf ein bestimmtes Fahrzeug abgestimmt sind. Sie sollen lediglich als Gedankenstütze dienen, um alle eventuell wichtigen Teile in die Überlegungen mit einzubeziehen.

Sind Ihnen die Schwachpunkte Ihres Fahrzeuges nicht bekannt, sollten Sie die Checkliste mit einem erfahrenen Mechaniker Ihrer Werkstatt durchgehen, um maßgeschneidert vorbereitet zu sein, d. h., Ergänzungen anbringen oder auch Teile streichen, die voraussichtlich nicht unbedingt nötig sind.

Zur besseren Übersicht wurden die Ersatzteile mit **Symbolen** versehen:

! Diese Teile als Neuteile mitführen.
* Diese Teile bei hoher Laufleistung am besten schon zu Hause erneuern und das funktionsfähige ausgebaute Teil für Notfälle mitführen.
° Diese Teile können bei voller Funktion vom Gebrauchtteilemarkt besorgt werden.

Motor

- ❏ Kraftstoffpumpe °
- ❏ Wasserpumpe *
- ❏ Motordichtsatz !
- ❏ Zylinderkopfdichtung !
- ❏ Zylinderkopfschrauben (Dehnschrauben) !
- ❏ Ventildeckeldichtung !
- ❏ Einspritzdüsen (Diesel) *
- ❏ Einspritzleitungen (Diesel) °
- ❏ Einspritzpumpe (Diesel) *
- ❏ Schwimmernadelventil (Vergaser) °

- ❏ Leerlaufabschaltventil (Vergaser) °
- ❏ Vergaserdichtung !
- ❏ Gaszug °
- ❏ Wasserschlauch !
- ❏ Kraftstoffschlauch !
- ❏ Ölwanne °
- ❏ Motoraufhängung °

Zündanlage

- ❏ Steuergerät °
- ❏ Impulsgeber (Hallgeber) °
- ❏ Zündspule °
- ❏ Kerzenstecker *
- ❏ Zündkabel !
- ❏ Kondensator °
- ❏ Verteilerläufer *
- ❏ Verteilerkappe *

▼ *Gasflaschen gelten nicht überall auf der Welt als Gefahrgut*

057fr Abb.. bb

Checklisten

Getriebe, Kupplung

- ❏ Kupplungsscheibe *
- ❏ Druckplatte *
- ❏ Ausrücklager *
- ❏ Getriebeaufhängung °
- ❏ Simmerring *
- ❏ Dichtsatz !
- ❏ Führungslager *
- ❏ Kupplungszug °
- ❏ Reparatur-Satz Kupplungszylinder !

Antrieb, Achsen, Aufhängung

- ❏ Antriebswelle °
- ❏ Kardangelenk °
- ❏ Radlager *
- ❏ Simmerringe *
- ❏ HD-Stoßdämpfer *
- ❏ Gleichlaufgelenk *
- ❏ Gelenkscheibe *
- ❏ Gelenkmanschette *
- ❏ Silentbloc-Gelenk (Gummimetalllager) *
- ❏ Lagerung für Stabilisator *
- ❏ Kugelgelenk (Lenkung) °
- ❏ Lenkungsdämpfer *

Bremsanlage

- ❏ Reparatur-Satz Hauptbremszylinder !
- ❏ Radbremszylinder oder Reparatur-Satz !
- ❏ Bremsschlauch *
- ❏ Entlüftungsnippel °
- ❏ Verschraubung (Bremsleitung) !

Reifen

- ❏ Ventilausdreher
- ❏ Ventile
- ❏ Schläuche
- ❏ Reparatur-Set für Schläuche
- ❏ Reifenpflaster
- ❏ Reparatur-Set für Schlauchlosreifen
- ❏ zweites Ersatzrad

Elektrik

- ❏ Generator *
- ❏ Spannungsregler *
- ❏ Starter *
- ❏ Temperaturschalter für Elektrolüfter °
- ❏ diverse Relais: °
- ❏   Vorglührelais
- ❏   Blinkrelais
- ❏ Glühkerzen (Diesel) °
- ❏ elektrischer Absteller (Dieseleinspritzpumpe) °
- ❏ Sicherungen
- ❏ Glühbirnensatz
- ❏ Kabel
- ❏ Quetschverbinder
- ❏ Kippschalter
- ❏ Isolierband

Schmier- und Betriebsstoffe, Dichtmittel

- ❏ Bremsflüssigkeit
- ❏ Hydrauliköl (Servolenkung)
- ❏ Motoröl
- ❏ Getriebeöl
- ❏ Destilliertes Wasser

Checklisten

- ❏ Dieselkältezusatz
- ❏ Kühlerdichtmittel
- ❏ Dichtungsmasse
- ❏ Gehäusedichtmasse
- ❏ Auspuff-Dichtkitt
- ❏ Silikon
- ❏ Lagerfett
- ❏ Gleichlaufgelenkfett
- ❏ Rostlöser

Verschleißteile

- ❏ Luftfilter
- ❏ Ölfilter
- ❏ Kraftstofffilter
- ❏ Bremsbeläge
- ❏ Zündkerzen
- ❏ Keilriemen
- ❏ Zahnriemen
- ❏ Unterbrecherkontakte

▼ *In 5000 m Höhe lernt man die Winterausrüstung zu schätzen*

087fr Abb. bb

Reparaturmaterial

- ❏ Schlauchschellen
- ❏ Lüsterklemmen
- ❏ Bindedraht
- ❏ Lötzinn und Paste
- ❏ Splinte
- ❏ Bowdenzug
- ❏ Kupferdichtungen
- ❏ Dichtungspapier
- ❏ diverse Schrauben, Muttern, Unterlegscheiben

Werkzeug

- ❏ Hammer
- ❏ diverse Schraubendreher
- ❏ Kombizange
- ❏ Wasserpumpenzange
- ❏ Spitzzange
- ❏ Sprengringzange
- ❏ Satz Innensechskantschlüssel
- ❏ Satz Gabelschlüssel
- ❏ Satz Ringschlüssel
- ❏ Ratsche und diverse Nüsse
- ❏ Ratschenverlängerung und Gelenk
- ❏ Rohrverlängerung
- ❏ Einspritzdüsennuss (Diesel)
- ❏ Zündkerzennuss
- ❏ Ölkontrollschlüssel (Getriebe, HA)
- ❏ Seitenschneider
- ❏ Dreikantfeile
- ❏ Gewindefeile
- ❏ Teppichbodenmesser mit langer Klinge
- ❏ Drehmomentschlüssel
- ❏ Reifenmontiereisen
- ❏ Radschlüssel (Kreuz)
- ❏ Wagenheber

Checklisten

- ❏ Unterlegbrett
- ❏ Luftpumpe bzw. Kompressor
- ❏ Reifenluftdruckprüfer
- ❏ Abziehvorrichtung
- ❏ Prüflampe
- ❏ Fühlerlehren
- ❏ Handsäge
- ❏ Stahlbürste
- ❏ 12-V-Lötkolben
- ❏ Handmeißel
- ❏ Bolzenausdreher
- ❏ Durchschlag
- ❏ Zündlichtpistole
- ❏ Schließwinkelmessgerät (Kontaktzündung)
- ❏ Vielfachmessgerät
- ❏ Magnet
- ❏ Fettpresse
- ❏ Klappspaten
- ❏ Schleifpapier
- ❏ 12-V-Leuchte
- ❏ Einstellwerkzeug:
  - ❏ Ventileinstellschlüssel
  - ❏ Kupplungsdorn
  - ❏ Messuhr Einspritzpumpe
- ❏ Spezialwerkzeug

Sonstiges

- ❏ Notwindschutzscheibe
- ❏ Zwei-Komponenten-Glaskleber
- ❏ Einfülltrichter
- ❏ Kraftstoffkanister
- ❏ Bergegurt
- ❏ Schäkel
- ❏ Ratschengurt
- ❏ Schneeketten
- ❏ Seilwinde
- ❏ Anfahrhilfen (Sandbleche)

Literatur

- ❏ Werkstattverzeichnis (weltweit)
- ❏ Werkstatthandbuch
- ❏ Reparaturhandbuch
- ❏ Ersatzteilliste

Sparen Sie keinesfalls bei Werkstatt- oder Reparaturhandbüchern, auch wenn Sie selbst nicht Hand anlegen können. Die in diesen Büchern enthaltenen „Explosionszeichnungen" sind nicht nur hilfreich bei der Teilebestellung in der Heimat, sie sind auch ohne viele Worte für jeden Mechaniker verständlich.

Am besten nehmen Sie ein allgemeinverständliches Handbuch („Jetzt helfe ich mir selbst" o. Ä.) und ein **Werkstatthandbuch** mit. Werkstatthandbücher sind aber nur schwierig oder überhaupt nicht zu bekommen. Versuchen Sie es über Ihre Werkstatt (Kopien) oder den Fahrzeughersteller oder wenden Sie sich an einen Expeditionsausrüster, von denen einige Original-Werkstatthandbücher im Programm haben.

Reparatur und Werkstatthandbücher für die gängigsten Reisefahrzeuge führen:

- **Därr,** Theresienstr. 66, 80333 München, Tel. (089) 28 20 32
- **Woick,** Plieninger Str. 21, 70794 Filderstadt, Tel. (0711) 70 96 700
- **Lauche & Maas,** Alte Allee 28, 81245 München, Tel. (089) 88 07 05

Checklisten

Technik-
Wortschatz

Technik-Wortschatz

Teilweise werden in den einzelnen Ländern für das gleiche Teil verschiedene Wörter benutzt; in diesem Fall ist jeweils das gebräuchlichste aufgeführt.

A

Abblendlicht	low beam
Abdeckung	cover
Abdichtdeckel	seal cover
abdichten	to seal
abdrehen	to veer
Abgasturbolader	turbocharger
Ablassschraube	drain plug
Ablassventil	outlet valve
Abnutzung	wear
absaufen (Motor)	to flood
abschalten	to switch off
abschleppen	to haul
Abschleppseil	tow rope
Abspritzdruck	discharge pressure
Abstreifring	scraper ring
Achsaggregat	transaxle
Achslenker	axle guide
Achsschenkel	stub axle
Achsschenkelbolzen	suspension pivot
Anker (Anlasser)	armature
Anlasser	starter
anpassen	to adapt
Ansaugkrümmer	inlet manifold
Ansaugluftfilter	induction air filter
Antenne	aerial
Antriebswelle	drive shaft
Anzugsdrehmoment	tightening torque
Armaturenbrett	instrument panel
Aufbau	body
Auflaufbremse	overrun brake
Aufziehvorrichtung	mounting device
Außenspiegel	rear mirror

Ausgleichsbehälter	compensating tank
Auslasskanal	exhaust port
Auspuff	exhaust system
Auspuffkrümmer	exhaust manifold
Auspufftopf	muffler
ausschalten	to switch off
Aussetzer	engine cutout
austauschen/ auswechseln	to replace
auswuchten	to balance
Automatikgetriebe	automatic transmission

B

Batterie	battery
Batterieklemme	battery terminal
Bedienungsanleitung	manual
Belüftung	ventilation
Benzin	fuel, gas
Benzinqualität	fuel grade
Beschädigung	damage
Bestellnummer	part number
Betätigung	actuation
Blattfeder	cantilever spring, flat spring
Blech	plate
Blinker	indicator
Bohrung	bore
Bolzen	bolt
Bowdenzug	bowden cable
Bremsanlage	braking system
Bremsbacke	brake shoe
Bremsbelag	brake pad
Bremsflüssigkeit	brake fluid
Bremshauptzylinder	brake master
Bremskraftregler	brake-pressure regulator
Bremskreis	brake circuit
Bremsleitung	brake line
Bremspedal	brake pedal

Technik-Wortschatz

Bremsscheibe	brake disc
Bremstrommel	brake drum
Buchse	bushing

D

Dach	roof
Dampfblasenbildung	vapour lock
Dämpferbein	strut damper
Diagonalreifen	cross-ply tyres
Dichtfläche	joint face
Dichtung	sealing/packing
Differential	final drive, differential
Differentialsperre	differential lock
Distanzscheibe	distance disc
Drehmomentschlüssel	torque wrench
Drehstromgenerator	three-phase alternator
Drosselklappe	throttle valve
Druck	pressure
Druckluft	compressed air
Düse	nozzle

E

Ein-/Ausschalter	on-off switch
Einfüllstutzen	filler neck
Einlass	inlet
Einpresstiefe	rim offset
Einscheiben-Sicherheitsglas (ESG)	single-pane toughened safety glass
Einspritzanlage	(fuel-)injection system
Einspritzdruck	injection pressure
Einspritzdüse	fuel injector, (injection) nozzle
Einspritzleitung	injection line
Einspritzpumpe	fuel-injection pump
Einspritzverstellung	injection timing
Einstellbereich	range of adjustment

Einstellpunkt	setting point
Einstellschraube	adjusting screw
Einstellung	adjustment
Einzelradaufhängung	independent suspension
Elektrode	lead
entfetten	to degrease
erneuern	to replace
Ersatzteil	spare part

F

Fahrgestell	chassis, running gear
Fahrverhalten	handling
Fahrzeugzulassung	vehicle registration
Falschluft	leak air
Feder	spring
Federaufhängung	spring suspension
Federblatt	spring leaf
Federring	spring washer
Fehlerquelle	trouble source
Fehlzündung	misfiring
Felge	rim
Fernlicht	high beam
Filtereinsatz	filter cartridge
Flattern (Räder)	shimmy
Fliehgewicht	flyweight
Flüssigkeit	fluid
Förderpumpe	supply pump
Frontantrieb	front drive
Frontscheibe	windshield
Frontschutzbügel	bull bar
Frostschutzmittel	anti-freeze
Frühzündung	advanced ignition
Fühler	sensor
Führerschein	driving licence
Funke	spark
Funktionsprüfung	operation test

G

Gang	gear
Garantie	warranty
Gasdruckstoß-dämpfer	gas pressure shock absorber
Gaspedal	accelerator pedal
Gebläse	fan
Gehäuse	case
geklebt	bonded
Geländegang	traction gear
Gelenk	joint
Gelenkwelle	jointed shaft
Gemischeinstell-schraube	idle mixture screw
Geradverzahnung	spur toothing
geregelt	regulated
Geschwindigkeit	speed
Getriebe	transmission (gear)
Getriebeflansch	transmission flange
Getriebegehäuse	transmission case
Getriebegeräusch	transmission noise
Getriebehauptwelle	transmission main shaft
Gewinde	thread
Gleichrichter	rectifier
Gleitlager	plain bearing
Glühkerze	glow plug
Gummi	rubber
Gummibüchse	rubber bush
Gummidichtung	rubber gasket
Gurt	seatbelt

H

Hallgeber	Hall generator
Handbremse	parking brake
Hauptbrems-zylinder	brake master cylinder

Hebebühne	lifting platform
Hebel	lever
Heizung	heater
Hinterachse	rear axle
Hub	stroke
Hubraum	capacity
Hülse	sleeve

I

Inbusschraube	hexagon socket screw
Instrumente	instruments
Isolierung	insulation

K

Kabel	cable
Kaltstarthilfe	starting device
Kardangelenk	cardan joint
Kardanwelle	cardan shaft
Katalysator	catalyst
Kegelrollenlager	tapered roller bearing
Keilriemen	drive belt
Kerzenschlüssel	spark-plug wrench
Kilometerstand	mileage
Kipphebel	rocker arm
Klappern	to rattle
Klemmring	clamping ring
Klemmenspannung	terminal voltage
Klimaanlage	air-conditioning
Klingeln/Klopfen	knocking
Kolben	piston
Kondensator	capacitor
konisch	tapered
Kraftstoff	fuel
Kraftstoffleck	fuel leak

Kraftstoffleitung	fuel line
Kraftstoffpumpe	fuel pump
Krümmer	manifold
Kugellager	ball bearing
Kühler	cooler
Kühlflüssigkeit	coolant
Kühlsystem	cooling system
Kupplung	clutch
Kupplungsdruckplatte	clutch pressure plate
Kupplungsscheibe	clutch disc
Kurbelwelle	crankshaft

L

Ladedruck	charge air pressure
Ladeluftkühler	intercooler
Ladung	load
Lager	bearing
Lagerschale	bearing shell
Lamellenkupplung	multi-plate clutch
Last	load
Lastwechsel	load cycle
Laufbüchse	cylinder sleeve
Läufer	rotor
Leck	leakage
Leerlauf	idle
Leerlaufeinstellung	idle-speed adjusting
Leistung	power
Leistungsverlust	power loss
Leitung	pipe, wire
Lenkgetriebe	steering gear
Lenkrad	steering wheel
Lenksäule	steering column
Lenkung	steering
Leuchtdiode	light-emitting diode
Lichtmaschine	generator

M

Maschine	engine
Masse (Batterie)	ground
Massekabel	ground cable
Membran	diaphragm
Messstab	dip stick
Mitnehmer	driver
Montage	assembly, installation
Motor	engine
Motoraufhängung	engine suspension
Motoreinstellung	engine tune
Motorschaden	engine breakdown

N

Nabe	hub
Nadellager	needle bearing
Nebelscheinwerfer	fog lamp
Niet	rivet
Niveau	level
Niveauregulierung	suspension
Nockenwelle	camshaft
Nockenwellen-steuerung	camshaft timing
Nutzlast	payload

O

Oktanzahl	octane number
Ölablassschraube	oil drain plug
Ölabstreifring	oil scraper ring
Öldruck	oil pressure
Ölfilter	oil filter
Ölkreislauf	oil circulation
Ölkühler	oil cooler
Ölverlust	oil leakage
Ölwanne	oil pan

P, Q

Panne	breakdown
Passfeder	close fit
passend	tailored
Platte	plate
Pleuel	connecting rod
Pleuellager	con-rod bearing
pneumatisch	pneumatic
Profiltiefe	profile depth
Prüflampe	test light
Pumpe	pump
Pumpenmembran	pump diaphragm
Querlenker	transverse link

R

Rad	wheel
Radaufhängung	wheel suspension
Radialreifen	radial tire
Radmutter	lug nut
Radnabe	hub
Rahmen	frame
Rahmenquerträger	transverse member
Reduzierung	reduction
Reflektor	reflector
regeln	to regulate
Regelstange	regulate rod
Regelung	control
Regler	regulator
Reifen	tire
Reifendruck	pressure
Reifenpanne	tire tailure
Reifenprofil	tire tread
Relais	relay
Reserverad	spare wheel
Riemen	belt
Riemenscheibe	belt pulley

Riemenspannung	belt tension
Ringschlüssel	ring wrench
Ritzel	pinion gear
Rohr	pipe
Rohr(Flüssigkeit)	tube
Rohrstutzen	pipe socket
Rohrverbindung	pipe connection
Rohrverschraubung	pipe joint
Rollenzellenpumpe	roller vane pump
Rost	rust
Rostentferner	rust remover
Rückholfeder	return spring
Rücklaufleitung	return pipe
Rückleuchte	tail lamp
Rückschlagventil	check valve
Rückwärtsgang	reverse gear
rutschen	to skid

S

Saugrohr	intake tube
Säuredichte (Batterie)	acid density
Schalldämpfer	silencer
Schalter	switch
Schaltgetriebe	manual transmission
Schaltplan (Elektrik)	diagram
Scheibenbremse	disc brake
Scheibenkupplung	disc clutch
Scheibenwischer	windshield wiper
Schlauchklemme	hose clamper
schlauchlos	tubeless
schleifen	to grind
Schleifring	slip ring
Schließwinkel	dwell angle
Schlüssel	key
schmieren	lubricate
Schmierfett	lubricating grease
Schmierung	lubrication

Technik-Wortschatz

Schneekette	tire chain
Schraube	bold, screw
Schraubenausdreher	screw extractor
Schraubendreher	screw driver
Schraubenfeder	coil spring
Schrottplatz	scrapyard
Schutzdeckel	protective cover
Schwimmer (Vergaser)	float
Schwimmernadelventil	float-needle valve
Schwungrad	flywheel
Sechskantschraube	hexagon screw
Servolenkung	power steering
Sicherheitsglas (Verbundglas)	safety glass
Sicherheitsgurt	seat belt
Sicherung	fuse
Sitz	seat
Sitzschiene	seat runner
Spannung (elektr.)	voltage
Spannung (mech.)	stress
Spätzündung	ignition retard
Sperrdifferential	locking differential
Spiegel	mirror
Spiel	lash
Spiralfeder	spiral spring
Spritzversteller	timing device
Spule	coil
Spur	track
Spureinstellung	track alignment
Spurstange	track rod
Stabilisator	stabilizer
Startautomatik	automatic choke
Starter	starter
Starthilfe	starting aid
Staubkappe	dust seal
Steckdose	socket
Stecker	plug
Stellglied	control element

Steuerkette (Motor)	timing chain
steuern/Steuerung	(to) control
Steuerriemen	timing belt
Steuerzeiten (Ventile)	valve timing
Stoßdämpfer	shock absorber
Stößel	tappet
Stößelstange	push rod
Stoßstange	bumper
Straßenlage	handling
Sturz	camber
Synchronisierung	synchronizing

T

Tachometer	speedometer
Tank (Kraftstoff)	fuel tank
Tankentlüftung	tank ventilation
Tankgeber	tank transmitter
Teil	part
Teillast	part throttle
Temperaturfühler	temperature sensor
Temperaturregler	thermostat
Tiefbettfelge	well-base rim
Torsionsfeder	torsion bar
Totpunkt (Kolbenhub)	dead centre
Träger (Rahmen)	member
Trennung	partition
Trommelbremse	drum brake
Turbolader	turbocharger

U

Umdrehung	revolution
umgehen	to by-pass
Umlenkhebel	reversing lever
Umwälzpumpe	circulation pump
Unterbrecher (Zündung)	breaker point

Technik-Wortschatz

Unterdruck	vacuum
Unterdruckdose (Zündung)	vacuum capsule
Unterdruckleitung	vacuum hose (line)
Unterdruckpumpe	vacuum pump
Unterlegscheibe	plain washer
unverbleit	unleaded
Unwucht	imbalance

V

Ventil	valve
Ventildeckel	valve cover
Ventileinschleifen	valve grinding
Ventilführung	valve guide
Ventilschaft	valve shaft
Ventilsitz	valve seat
Ventilspiel	valve lash
Ventilüberschneidung	valve overlap
Verbindung	joint
Verbrennung	combustion
Verbundglas	triplex glas, laminated glass
Vergaser	carburetor
Vergaserdüse	spray nozzle
Verringerung	reduction
Verschleiß	wear
Verschlussschraube	screw plug
verstärkt	heavy-duty, reinforced
verstellbar	adjustable
Verteiler (s. Zündverteiler)	
Verteilergetriebe	transfer case
Verwindung	torsional flexing
Viskosität	viscosity
Volllast	full load
Vorderachse	front axle
Vorgelegewelle	countershaft
Vorglühanlage	pre-heater system
Vorkammer (Diesel)	prechamber

Vorlauf (Lenkung)	negative caster
Vorspur	toe-in

W

Wälzlager	roller bearing
Wandler (autom. Getriebe)	converter
Wärmetauscher	heat exchanger
Warnblinkanlage	hazard warning flasher
Wartung	maintenance
Welle	shaft
Werkzeug	tool
Wicklung	winding
Widerstand (elektr.)	resistor
Wirkungsgrad	efficiency
Wischer	wiper
Wischergummi	wiper rubber

Z

Zahnkranz	ring gear
Zahnrad	toothed gear
Zahnriemen	toothed belt
Zündfunke	spark
Zündkabel	spark-plug cable
Zündkerze	plug
Zündschloss	ignition lock
Zündspule	ignition coil
Zündung	ignition
Zündverteiler	ignition distributor
Zündverteilerfinger	rotor arm
Zündzeitpunkt	ignition point
Zylinder	cylinder
Zylinderkopf	cylinder head

Technik-Wortschatz

Anhang

Internet Links

- **www.shipguide.de:** Weltweite Schiffsverbindungen können abgefragt werden. Gibt sofort Auskunft, welche Gesellschaften Schiffsverkehr auf der angepeilten Route unterhalten und wie lange die Fahrzeiten sind.
- **www.das-globetrotter-forum.de:** Das Forum für aktuelle Reise- und Länderinformation sowie Ausrüstungsflohmarkt für Fahrzeugreisende.
- **www.fit-for-travel.de:** Informiert über aktuelle Gesundheitsrisiken und medizinische Einrichtungen und darüber hinaus über Klimadaten und allgemeine Infos in über 300 Ländern.
- **www.fernweh.com:** Viele Links zum Thema Camping, Reisemobile, Offroad und Ausrüstung.
- **www.1001-reiseberichte.com:** Sammlung von vielen Reiseberichten weltweit.
- **www.reise-know-how.de:** Verlagsprogramm, weiterführende Links, Tipps von Lesern und aktuelle Infos zu über 100 Ländern.

Internet für die Reise

- Informationen effektiv suchen
- Reise- und Verkehrsinfos
- Spezialreisen
- Austausch mit anderen Reisenden
- Dienste sicher und sinnvoll nutzen
- Veranstalter und Ausrüster
- Buchen und kaufen im Netz
- Internet-Zugang weltweit
- Fotos, Videos, virtuelle Reisen

160 Seiten, komplett in Farbe, ca. 60 Abildungen, Fadenheftung, ISBN 3-89416-773-4

Reise Know-How Verlag, Bielefeld

Literaturhinweise

- **Kraftfahr-Technisches-Taschenbuch,** Bosch, VDI. Die Bibel für alle, die mehr wissen wollen über Fahrzeugtechnik und Elektronik.
- **Abseits aller Pisten,** G. Silva. Fahrtechnik für Geländefahrten im extremen Einsatz sowie viele technische Ratschläge
- **Wohnmobil Selbstausbau,** Schwarz, Schürmann, Motorbuchverlag. Allgemein gehaltenes Buch zum Selbstausbau von Reisefahrzeugen.
- **Perfekt Off Road Fahren,** Buzek. Viele Tipps zum Beherrschen von Fahrzeugen abseits normaler Straßen.
- **Fernreisen auf eigene Faust,** Strohbach, Reise Know-How. Alles, was man für eine selbstorganisierte Fernreise wissen muss.
- **Kommunikation von unterwegs,** Heinrich, Reise Know-How. Gerätedetails, Normen und Nutzung von Handy und Computer weltweit.
- **GPS Outdoor-Navigation,** Höh, Reise Know-How. Grundlagen, Gerätedetails und Anwendungspraxis.
- **Motorrad-Reisen zwischen Urlaub und Expedition:** Thomas Troßmann, Reise Know-How. Das komplette Handbuch für Motorradtouren in Wüste und Bergwelt.

Praxis – die neuen handlichen Ratgeber

Wer seine Freizeit aktiv verbringt und moderne Abenteuer sucht, braucht spezielles Wissen, das in keiner Schule gelehrt wird. REISE KNOW-HOW beantwortet die vielen Fragen rund um Freizeit, Urlaub und Reisen in der Ratgeberreihe: „Praxis".

All inclusive?
ISBN 3-89416-767-X

Essbare Früchte Asiens
ISBN 3-89416-771-8

Hinduismus erleben
ISBN 3-89416-773-4

Islam erleben
ISBN 3-8317-1007-4

Orientierung mit Kompass und GPS
ISBN 3-89416-755-6

Reisefotografie
ISBN 3-89416-772-6

Reisen und schreiben
ISBN 3-89416-763-7

Richtig Kartenlesen
ISBN 3-89416-753-x

Sonne, Wind und Reisewetter
ISBN 3-89416-769-6

Tauchen in warmen Gewässern
ISBN 3-89416-760-2

Vulkane besteigen und erkunden
ISBN 3-89416-764-5

Wildnis-Ausrüstung
ISBN 3-89416-750-5

Jeder Titel:
144-160 Seiten, robuste Fadenheftung, Taschenformat 10,5 x 17 cm, Register und Griffmarken
Weitere Titel siehe Seite 152.

MEDIZINISCHE HILFE UNTERWEGS

David Werner
Wo es keinen Arzt gibt

- **Medizinisches Grundwissen für Reisen in die Dritte Welt**
- **Diagnose und Behandlung:** Tropen-, Haut- und Augenkrankheiten, Zahnprobleme, Erkrankungen von Blase, Genitalien usw.
- **Erste Hilfe:** Was tun bei Fieber, Schock, Ohnmacht, Unfällen, Hitzeschäden? Behandlung von Wunden, Knochenbrüchen, Verrenkungen, Vergiftungen, Bissen, Transport von Verletzten
- **Anhang für Fernreisende:** Impfkalender, Adressen der Tropeninstitute, Reiseapotheke, Malariaresistenzliste
- 360 Seiten, ISBN 3-8317-1019-8

Armin Wirth
Erste Hilfe unterwegs
Effektiv und praxisnah

- **Grundlagen der Ersten und Zweiten Hilfe** speziell für Reisende, Outdoorsportler und Expeditionen
- Tipps zur **Vorbereitung** auf die Reise und zur **Prävention** von Unfällen
- **Übersichtliche Diagnoseschemata** zum schnellen Erkennen der Schädigung oder Krankheit
- Vorgehensweise für **alle häufigen und bedrohlichen Schädigungen und Krankheiten** von Angina Pectoris über Erfrierungen, Höhenkrankheit und Wärmeprobleme bis Zyanose
- 336 Seiten, ISBN 3-89416-689-4

REISE KNOW-HOW Verlag, Bielefeld

Kauder- welsch!

Die **Sprachführer der Reihe Kauderwelsch** helfen dem Reisenden, wirklich zu sprechen und die Menschen zu verstehen. Wie wird das gemacht?

● Die **Grammatik** wird in einfacher Sprache so weit erklärt, dass es möglich wird, ohne viel Paukerei mit dem Sprechen zu beginnen, wenn auch nicht gerade druckreif.

● Alle Beispielsätze werden doppelt ins Deutsche übertragen: zum einen **Wort-für-Wort,** zum anderen in "ordentliches" Hochdeutsch. So wird das fremde Sprachsystem sehr gut durchschaubar. Ohne eine Wort-für-Wort-Übersetzung ist es so gut wie unmöglich, einzelne Wörter in einem Satz auszutauschen.

● Die **Autorinnen und Autoren** der Reihe sind Globetrotter, die die Sprache im Lande gelernt haben. Sie wissen daher genau, wie und was die Leute auf der Straße sprechen. Deren Ausdrucksweise ist häufig viel einfacher und direkter als z.B. die Sprache der Literatur. Außer der Sprache vermitteln die Autoren Verhaltenstipps und erklären Besonderheiten des Reiselandes.

● Jeder Band hat 96 bis 160 Seiten. Zu jedem Titel ist eine begleitende **TB-Kassette** (60 Min) erhältlich.

● **Kauderwelsch-Sprachführer gibt es für über 90 Sprachen in mehr als 140 Bänden!**

Anhang

Alle Reiseführer auf einen Blick

Reisehandbücher
Urlaubshandbücher
Reisesachbücher
Rad & Bike

Abenteuer
 Weltumradlung
Afrika, Bike-Abenteuer
Afrika, Durch
Agadir, Marrakesch
 und Südmarokko
Ägypten
Alaska ↗ Canada
Algerische Sahara
Amrum
Amsterdam
Andalusien
Äqua-Tour
Argentinien mit
 Uruguay u. Paraguay
Äthiopien
Auf nach Asien!

Bahrain
Bali & Lombok
Bali, die Trauminsel
Bali: Ein Paradies
 wird erfunden
Bangkok
Barbados
Barcelona
Berlin
Borkum
Botswana
Bretagne
Budapest
Bulgarien

Cabo Verde
Canadas großer
 Westen mit Alaska
Canadas Osten,
 Nordosten d. USA
Chile, Osterinseln

China Manual
Chinas Norden
Chinas Osten
Costa Brava
Costa de la Luz
Costa del Sol
Costa Rica
Cuba

Dalmatien
Dänemarks
 Nordseeküste
Dominikan. Republik
Dubai, Emirat

Ecuador
 und Galapagos
England – Der Süden
Erste Hilfe
 unterwegs
Europa BikeBuch

Fehmarn
Föhr
Fuerteventura

Gardasee
Gomera
Gran Canaria
Großbritannien
Guatemala

Hamburg
Hawaii
Hollands
 Nordseeinseln
Honduras
Hongkong,
 Macau

Indien – Der Norden
Indien – Der Süden
Irland
Island
Israel, palästinen-
 sische Gebiete,
 Ostsinai
Istrien, Velebit

Jemen
Jordanien
Juist

Kairo, Luxor, Assuan
Kalifornien, Süd-
 westen der USA
Kambodscha
Kamerun
Kanada ↗ Canada
Kapverdische Inseln
Kärnten
Kenia
Korfu, Ionische Inseln
Krakau, Warschau
Kreta
Kreuzfahrtführer

Ladakh
 und Zanskar
Langeoog
Lanzarote
La Palma
Laos
Lateinamerika
 BikeBuch
Libanon
Libyen
Litauen
Loire, Das Tal der
London

Madagaskar
Madeira
Madrid
Malaysia, Singapur,
 Brunei
Mallorca

Aktuelle Reiseführer

Die praktischen Begleiter für die beliebtesten Reiseziele der Region – aktuell vor Ort recherchiert und mit großer Sachkenntnis geschrieben.

Därr, E. und K. (Hrsg.)
Touringclub der Schweiz

Durch Afrika
Streckenbeschreibungen

1120 Seiten, 200 Karten und Pläne, GPS-Koordinaten

Barkemeier, Thomas

Indien – der Norden

768 Seiten, 75 Karten und Pläne, farbiger Kartenatlas

Wessel, Günter

Chile und Osterinsel

576 Seiten, 39 Karten und Pläne, durchgehend illustriert

H. und B. Wagner, H. Grundmann

Canadas großer Westen mit Alaska

620 Seiten, 49 Karten und Pläne, 230 Farbabbildungen, Separater Unterkunfts- und Campingführer, Herausnehmbare Faltkarte

Reise Know-How Verlag

Anhang

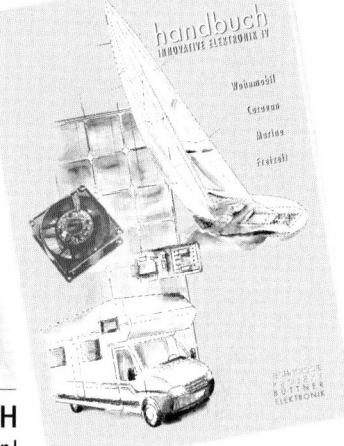

Register

REGISTER

Anhang

Über den Autor

07 fr Abb. bb

Bernd Büttner, Jahrgang 62, ist seit frühester Jugend „on tour". Der erste klapprige VW-Campingbus stand bereits reiseabfahrbereit vor der Tür, bevor er überhaupt einen Führerschein hatte. Die erste Reise ging nach Griechenland, damals das „große Abenteuer" für alle VW-Busfahrer. Richtige Abenteuer sollten aber noch folgen.

Zunächst absolvierte er eine Ausbildung zum Kfz-Elektroniker und -Mechaniker, vergaß währenddessen aber nie das Reisen. Irgendwann wurde dann ein Unimog zum Reisefahrzeug ausgebaut, aber für die zwei Jahre dauernde Weltreise (1989–1991) wurde doch wieder ein VW-Bus benötigt. Diese Reise ging nach Asien, Neuseeland, Australien und zum amerikanischen Kontinent. 1998 folgte eine weitere VW-Busreise auf dem Landweg nach Indien.

Neben Reisen spielt Fahrzeugtechnik in Büttners Leben eine große Rolle. Dabei faszinieren ihn ein computergesteuerter 12-Zylinder genauso wie ein indischer Schrauber und dessen Werkstatt.

Bei Daimler Benz hatte er in der Versuchs- und Entwicklungsabteilung jahrelang mit hochmoderner Fahrzeugelektronik zu tun. 1992 gründete er dann die Firma Büttner-Elektronik in Rheine. Zurzeit lebt Bernd Büttner in der Nähe von Heidelberg und leitet dort ein Konstruktionsbüro.

Der langjährig bewährte VW-Bus wurde bei Kilometerstand 400.000 ausrangiert, aber ein anderes Reisemobil wird mit Sicherheit folgen ...